자료구조의 기초

강병도 지음

대구대출판부

머리말

자료구조는 컴퓨터를 이용한 프로그램을 개발하려는 사람에게는 필수적으로 이해해야 하는 과목이다. 자료구조를 배우는 목적은 문제를 해결하는 좋은 알고리즘을 개발하여, 궁극적으로는 효율적이면서 품질 좋은 프로그램을 개발하는 것이다. 문제를 해결하는 방법으로 창의적인 여러 가지를 생각해낼 수 있겠지만 기본적인 문제 해결법을 습득하는 것이 상당히 중요하다. 자료구조는 컴퓨터 프로그래머들을 위한 기본적인 알고리즘과 문제 해결법을 포함하고 있다.

저자는 컴퓨터 프로그램과 자료구조를 처음 접하는 사람들을 위하여 가능한 이해하기 쉽게 그림을 이용하여 프로그램 실행 단계를 설명하였다. 그리고 기존의 방대한 양의 자료구조 내용을 대학교 한 학기 강의용으로 사용할 수 있도록 핵심내용을 정리하였다. 그러나, 프로그램을 처음 시작하는 사람에게 꼭 필요한 주제를 모두 포함하였다. 이 책에서 사용된 프로그램의 예는 C 언어를 이용하여 작성하였다.

이 책이 자료구조를 처음 시작하는 사람들에게 도움이 되기 바라며, 출판되기까지 많은 도움을 준 정재교, 김성희, 임상윤 학생과 대구대학교 출판사 여러분께 감사 드린다.

목 차

4장 리스트(List) ·· 47

5장 트리(Tree) ·· 81

1장 소프트웨어와 알고리즘

1.1 소프트웨어

소프트웨어는 작은 의미로는 프로그램을 의미하며, 큰 의미로는 프로그램과 프로그램을 개발하기 위하여 작성한 관련 문서를 모두 포함한다. 소프트웨어는 크게 시스템 소프트웨어와 응용 소프트웨어 두 가지 분야로 분류할 수 있다.

시스템 소프트웨어(system software)는 하드웨어와 밀접하게 연결되는 소프트웨어로서, 운영 체제(operating system), 컴파일러(compiler), 데이터 베이스(data base) 등을 포함한다. 응용 소프트웨어(application software)는 건축과 기계의 설계, 공정의 자동 제어 등을 위한 산업용 소프트웨어, 궤도 계산, 항공 역학, 지진 관측 등을 위한 과학용과 공학용 소프트웨어, 그리고 재고 관리, 인사 관리, 경영 관리 등을 위한 사무용 소프트웨어를 포함한다. 이 분야들에 대한 개발 프로젝트를 수행할 때, 분야에 따라 그것을 수행하는 데 필요한 능력과 지식도 차이가 있다. 소프트웨어 공학은 이것들을 효율적으로 개발할 수 있게 하는 분야이다.

소프트웨어 공학(software engineering)은 소프트웨어를 효율적으로 개발하고 유지보수 하는 기술, 소프트웨어의 품질을 향상시키기 위한 기술과 소프트웨어를 개발하는 데 필요한 지원 기술 등을 포함한다.

1.2 소프트웨어 개발 프로세스

소프트웨어 개발 프로세스는 분석, 설계, 구현, 시험, 유지보수의 과정을 순차적으로 접근하는 소프트웨어 개발 과정이다. <그림 1.1>은 고전적인 waterfall 개발 모델을 나타내며, 다음과 같은 단계를 거친다.

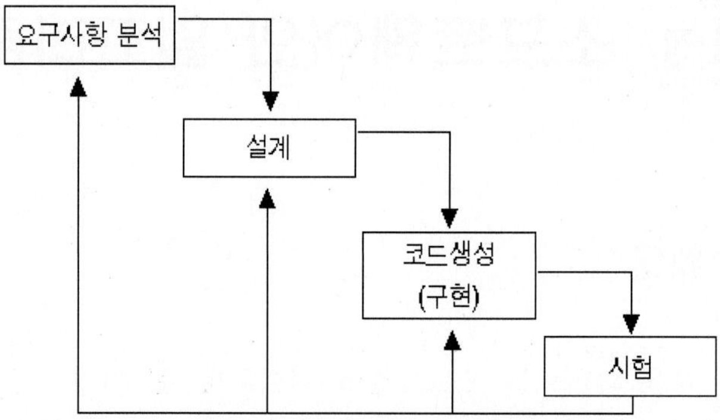

〈그림 1.1〉 소프트웨어 개발 프로세스

· 소프트웨어 요구 사항 분석

개발할 프로그램을 파악하기 위해서 소프트웨어 엔지니어는 반드시 요구 기능, 행위, 성능, 인터페이스 등은 물론이고 소프트웨어가 쓰이는 정보 도메인을 이해해야 한다. 시스템과 소프트웨어에 대한 요구 사항은 문서화되고 고객에 의해 검토된다.

· 설계

소프트웨어 설계는 프로그램의 자료구조, 소프트웨어 구조, 인터페이스, 표현 알고리즘 등의 네 가지 성질에 초점을 가진다. 설계 과정은 요구사항을 코딩이 가능한 상태로 소프트웨어를 표현하는 것이다. 설계는 요구사항과 마찬가지로 문서화되고 소프트웨어의 형상의 부분이 된다.

· 코드생성(구현)

설계의 결과는 기계가 이해할 수 있는 형태로 변환되어야 한다. 코드 생성 단계에서 이러한 작업을 수행한다. 만약 설계 작업이 보다 자세하게 진행된다면 코드 생성 단계는 자동적으로 수행될 수도 있다.

· 시험

일단 코드가 생성되면, 프로그램 시험이 시작된다. 시험과정은 모든 문장을 시험하는 소프트웨어의 내부적 논리성에 초점을 두기도 하고, 기능 외적인 에러나 정해진 입력에 대해 올바른 작동을 하는가에 대해 초점을 두기도 한다.

· 유지보수

소프트웨어는 그 산출물이 고객에게 전달된 후에도 어쩔 수 없이 변화하는 경우가 생긴다. 외부환경의 변화(새로운 운영체계나 주변 기기의 추가)에 의한 에러가 발생하기도 한다. 또는 기능의 추가나 성능의 향상을 소비자가 요구하기 때문에 변화가 필요한 경우도 있다. 소프트웨어 지원과 유지는 프로그램을 새로운 것으로 바꾸는 것이 아니라 이전의 단계들을 재 적용시키는 것이다.

1.3 알고리즘(Algorithm)

알고리즘(Algorithm)이란 특정한 일을 수행하는 명령어들의 유한집합이다. 또한 모든 알고리즘은 다음과 같은 조건들을 만족해야 한다.

- 입력 : 외부에서 제공되는 데이터가 0개 이상 있다.
- 출력 : 적어도 한 가지의 결과를 생성한다.
- 명확성 : 각 명령들은 명확하고 모호하지 않아야 한다.
- 유한성 : 알고리즘의 명령대로 수행하면 어떤 경우에도 유한개의 단계 뒤에는 반드시 종료한다.
- 유효성 : 원칙적으로 모든 명령들은 종이와 연필만으로 수행될 수 있어야 한다.

(1) 알고리즘 분석

알고리즘이 시작된 후 종료될 때까지의 시간이 사용자의 기대에 맞지 않게 너무 길어서는 안 된다. 예를 들어서 장기 또는 바둑과 같은 게임에 대한 알고리즘을 설계할 때, 시작 상태에서부터 가능한 모든 경우들을 열거하여 조사하는 방법으로 알고리즘을 꾸밀 수도 있다. 그러나 이렇게 가능한 모든 경우들을 고려하여 꾸민 알고리즘을 수행하려면, 현대의 가장 강력한 슈퍼컴퓨터로도 수십조 년 이상의 수행시간이 소요된다. 따라서 우리는 알고리즘을 생각할 때 이와 같이 상식

적으로 너무 복잡도가 큰 것은 생각하지 않으며, 될 수 있으면 능률적인 알고리즘을 생각한다.

(2) 성능분석

알고리즘의 능률성을 평가하는 측정수단에는 시간 복잡도(time complexity)와 공간 복잡도(space complexity)가 있다. 시간 복잡도란 알고리즘이 시작하여 답을 얻어 끝날 때까지의 계산시간을 말한다. 즉, 시간 복잡도란 간단히 말해서 구체적인 하드웨어 기종이나 프로그래밍 언어 등을 고려하지 않은 알고리즘의 추상적인 수행시간을 의미한다. 공간 복잡도는 알고리즘을 수행시키기 위해서는 기억장치를 얼마나 많이 사용하는지를 말한다. 우리가 알고리즘의 복잡도를 말할 때는 특별한 언급이 없으면 시간 복잡도를 의미한다.

시간 복잡도는 알고리즘을 구성하는 명령어들이 몇 번이나 수행이 되는지를 계산한 결과에 각 명령어의 수행시간을 곱한 합계들을 구하여 얻을 수 있다. 그러나 이 방법은 하드웨어 종류 혹은 프로그래밍 언어 종류 등에 영향을 받는다. 우리가 알고리즘의 시간 복잡도를 측정할 때는 어느 특정한 하드웨어 기종, 혹은 프로그래밍 언어에 대한 고려는 무시한다. 그러므로 알고리즘의 시간 복잡도는 그 알고리즘을 이루는 명령어들이 몇 번이나 수행되는지, 그 수행횟수에 의해 결정된다. 이와 같이 알고리즘을 이루는 명령어들의 수행횟수를 계산하여 알고리즘의 시간 복잡도를 구하는 일을 성능 분석이라고 한다.

시간 복잡도를 사용하여 알고리즘을 분석하기 위하여, 다음과 같은 정의를 사용한다.

정의) $n \geq n_0$ 인 모든 정수 n에 대하여 $f(n) \leq c \cdot g(n)$를 만족하는 두 정수 c와 n_0가 존재할 때, 우리는 $f(n) = O(g(n))$이라고 정의한다. 그리고 우리는 f가 g의 big-oh와 같다고 말하며, big-oh, 혹은 O-표기라고 한다.

만약 $f(n) = a_m n^m + \cdots + a_1 n + a_0$이면 $f(n) = O(n^m)$이다.

예를 들어서 함수 $f(n) = 6n^3 + 10n^2 + 4n + 7$은 $O(n^3)$이다. 이 O-표기 는 알고리즘의 시간 복잡도의 상한(upper bound)을 나타낸다. 그리고 O-표기에 의한 시간 복잡도의 크기에 대한 비교는 다음과 같다.

$O(1) < O(\log n) < O(n) < O(n \log n) < O(n^2) < O(2^n) < O(n!) < O(n^n)$

우리는 $O(1)$을 상수시간의 복잡도라고 하며, $O(2^n)$을 지수시간의 복잡도라고 한다.

예를 들어 다음 알고리즘의 시간복잡도를 구해보자.

```
while(i <= n){
  while(j <= n){
    while(k <= n){
          .
          .
          .
    }
  }
}
```

위의 알고리즘은 루우프가 세 번 중첩되어 있으며, 각 루우프마다 n번씩 반복하므로 전체 반복횟수는 $n \times n \times n = n^3$ 이다. 따라서 시간복잡도는 $O(n^3)$ 이다.

앞에서 설명한 big-oh 표기의 시간복잡도, $f(n) = O(g(n))$에서 $g(n)$은 $f(n)$ 값에 대한 상한(upper bound)이다. 우리는 $f(n)$ 값에 대한 하한(lower bound)을 나타내기 위하여 다음과 같은 정의의 Ω-표기법을 사용한다.

만일 $f(n) = a_m n^m + \cdots + a_1 n + a_0$이고 $a_m < 0$이면 $f(n) = \Omega(n^m)$이다.

정의) $n \geq n_0$ 인 모든 정수 n에 대하여 $f(n) \geq c \cdot g(n)$를 만족하는 두 정수 c와 n_0가 존재할 때, 우리는 $f(n) = \Omega(g(n))$이라고 정의한다. 그리고 우리는 f가 g의 오메가(Omega)와 같다고 말하며, 이와 같은 표기를 오메가 표기라고 한다.

위의 정의에서 보는 것처럼, O와 Ω의 차이는 부등호의 방향이 서로 반대이다. Ω는 시간 복잡도의 하한을 나타낸다. 즉 O의 시간 복잡도는 알고리즘이 이보다는 늦지 않다는 상한을 나타내며, Ω의 시간 복잡도는 알고리즘을 수행하려면, 적어도 $g(n)$ 이상의 시간을 필요로 한다는 뜻이다. 한편 O와 Ω를 이용하여 다음과 같은 시간 복잡도를 정의한다.

정의) $n \geq n_0$ 인 모든 정수 n에 대하여 $c_1 \cdot g(n) \leq f(n) \leq c_2 \cdot g(n)$을 만족하는 세 정수 c_1, c_2와 n_0가 존재할 때, 우리는 $f(n)=\Theta(g(n))$이라고 정의한다.

이 경우는 $f(n)$이 동시에 $f(n)=O(g(n))$과 $f(n)=\Omega(g(n))$을 만족하는 경우이다. 따라서 $f(n)=\Theta(g(n))$은 $g(n)$이 $f(n)$의 상한인 동시에 하한이므로, $O(g(n))$이나 $\Omega(g(n))$보다 더 정확한 한계치를 나타낸다.

만일 $f(n)=a_m n^m+\cdots+a_1 n+a_0$이고 $a_m>0$이면 $f(n)=\Theta(n^m)$이다.

연습문제

1. 알고리즘이란 무엇이며, 만족해야 하는 조건 5가지를 쓰시오.

2. 시간 복잡도에 대해 간단히 설명하시오.

3. 다음을 "big-oh" 표현으로 나타내시오.

   a) $5n^4 + 6n + 3$　　　b) 8

   c) $7n^3 + O(n)$　　　d) $n \log n + 2n^2 + 7$

   e) $3n^7 + O(2^n) + n$ long

4. 다음 알고리즘의 시간 복잡도를 구하시오.

```
for(i = 1; i <= n; i++)
  for(j = 1; j <= n; j++){
    sum = i + j;
  }
}
```

2장 배열과 구조

여러 항목의 데이터를 나타낼 때 이들을 하나의 그룹으로 만들어 취급하면 편리한 경우가 있다. 이때 배열(array)과 구조(struct)를 사용할 수 있다.

2.1 배열

배열(array)이란 같은 자료형 객체의 집합을 말한다. 배열은 서로 관련이 있는 객체들을 하나로 묶어 관리할 때 매우 편리하게 사용될 수 있다. 배열을 구성하는 각각의 객체를 배열 요소(array element)라고 하며 배열 요소의 자료형을 배열의 기본형(base type)이라 한다. 배열 요소로 사용될 수 있는 자료형에는 기본적인 자료형인 char, int, float, double형과 기본적인 자료형에서 유도된 자료형인 배열, 포인터, 구조체, 공용체 등이 있다.

배열을 사용하기 위해서는 먼저 배열의 이름과 배열의 기본형 및 크기를 기술하여 배열을 선언하여야 한다. 배열의 크기는 초기 값을 가지면서 배열을 선언하는 경우에는 생략 가능하며, 이때 배열의 크기는 컴파일러가 초기 값의 개수만큼 지정하게 된다.

배열에서 각 배열 요소를 참조하기 위해서는 첨자를 사용한다. 배열 요소를 가리키는 첨자는 0부터 시작하며 컴파일러는 배열의 첨자 범위를 검사하지 않는다. 따라서 올바른 첨자를 사용하는지 여부는 사용자 프로그램에서 검사해야 한다.

(1) 일차원 배열

배열에서 배열 요소가 배열이 아닌 배열들을 일차원 배열이라 한다. 일차원 배열을 사용하려면 일반 변수와 마찬가지로 먼저 선언해야 한다. 일차원 배열의 선언 형식은 다음과 같다.

```
[기억부류 명세어] 자료형 배열이름[크기];
```

배열은 선언되는 위치와 기억부류 명세어에 따라 자동 배열(automatic array), 지역 정적 배열(local static array), 전역 정적 배열(global static array), 전역 배열(external array)로 나눌 수 있다. 기억부류(storage class)란 변수의 생존기간과 유효범위를 결정하는 변수의 속성을 말한다. 일반적으로 블록 내에서 기억부류 명세어 없이 선언된 배열은 자동 배열이 되며, 'static' 기억부류 명세어와 함께 선언된 배열은 지역 정적 배열이 된다. 또 함수의 바깥쪽에 선언된 배열 중 'static' 기억부류 명세어와 함께 선언된 배열은 전역 정적 배열이고, 기억부류 명세어 없이 선언된 배열은 전역 배열이 된다. 'extern' 기억부류 명세어와 함께 사용된 배열은 배열에게 메모리를 할당하는 정의가 이루어지지 않고 다른 곳에서 정의된 배열에 대한 명세만을 알려주는 선언이다. 배열 선언에서 배열의 크기가 생략될 수 있는 경우는 초기 값이 주어진 경우에만 가능하다. 다음 코드에서 배열 value는 초기화되었기 때문에 배열 요소의 크기가 생략될 수 있다.

```
char   name[5]
int   value[] = {1,2,3}
```

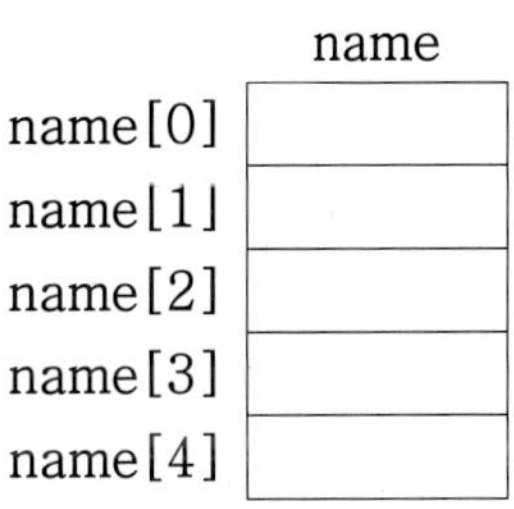

선언된 배열은 프로그램 중에서 사용할 수 있다. 배열 요소들을 참조하기 위해서는 배열 첨자를 사용한다. C 언어에서는 배열 요소의 첨자가 0부터 시작한다. 따라서 위의 코드에서 value[0]은 첫 번째 배열 요소를 나타내며, value[1]은 두 번째 배열 요소를 각각 나타낸다. 다음 <프로그램 2.1>은 int형 일차원 배열을 사용하여 사용자가 입력한 정수 값의 합과 평균을 구하는 프로그램이다. 입력된 정수의 합을 저장하기 위해서는 int형 변수 sum을 사용하였고, 평균을 위해서는 double형 인자 avg를 사용하였다.

```
#include  <stdio.h>
#define  MAX_VALUE  100

main()
{
   int  value[MAX_VALUE];
   int  i, count, sum;
   double  avg;
   count = 0, sum = 0, avg = 0.0;
   while(count < MAX_VALUE && scanf("%d", &value[count]) != EOF)
   {
        sum += value[count];
        count++;
   }
   if(count) avg = (double) sum / count;
   for( i = 0; i < count; i++)
        printf("value[%d] = %d₩n", i, value[i]);
   printf("합계 = %-10d 평균 = %-10.2f₩n", sum, avg);
   return  0;
}
```

〈프로그램 2.1〉 입력된 정수의 합과 평균을 구하는 프로그램

```
1 2 3 4 5 6 7 8
```

입력

```
value[0] = 1
value[1] = 2
value[2] = 3
value[3] = 4
value[4] = 5
value[5] = 6
value[6] = 7
value[7] = 8
합계 = 36  평균 = 4.50
```

수행 결과

<프로그램 2.1>에서는 사용자가 입력한 정수 값을 저장하기 위해 배열 요소의 개수가 100개인 int형 일차원 배열 value를 사용하고 있다. 사용자의 입력 값은 scanf() 함수를 사용하여 value 배열에 저장된다. 배열 요소의 개수가 100이기 때문에 사용자가 입력한 정수 중 100개까지만 입력받도록 하기 위해서 값을 읽어들일 때 현재 읽어들인 정수의 개수를 조사하는 수식을 첨가하였다. 자료의 읽기 작업은 배열이 가득 차거나 EOF(End of File)문자를 읽을 때가지 계속된다.

(2) 다차원 배열

다차원 배열이란 배열 요소가 배열인 배열을 말한다. 다차원 배열은 다음 형식으로 선언된다.

```
[기억부류 명세어] 자료형 배열이름[크기1][크기2]...[크기n];
```

char names[20][10];
int values[2][3];

위의 선언에서 names는 배열 요소의 개수가 20개인 배열로 배열 요소의 형은 char[10]인 배열이다. 또 첫 번째 배열 요소인 names[0]은 배열 요소가 char형이고 크기가 10인 배열이다. 따라서 다차원 배열 names는 char형 배열 요소가 20 × 10 = 200개인 2차원 배열이다. 다차원 배열에서 배열 요소를 참조하기 위해서는 여러 개의 첨자를 사용해야 한다.

다차원 배열도 일차원 배열과 같이 초기 값을 설정함으로써 초기화가 가능하다. 배열 values를 다음과 같이 초기화할 수 있다.

```
int values[2][3] = {{1,2,3},{4,5,6}};
```

이 때 각 배열 요소는 다음과 같이 초기 값을 가지게 된다.

values[0][0] = 1	values[0][1] = 2	values[0][2] = 3
values[1][0] = 4	values[1][1] = 5	values[1][2] = 6

다차원 배열을 초기 값을 할당하여 초기화하는 경우에는 첫 번째 첨자만 생략 가능하다.

```
int values[ ][3] = {{1,2,3},{4,5,6}};
```

C 언어에서 다차원 배열은 행 우선 방식(row major order)으로 저장된다. 따라서 배열이 메모리에 저장되는 순서는 가장 바깥쪽의 첨자가 먼저 변하는 식으로 할당된다. 예를 들어 values 배열은 메모리에 values[0][0], values[0][1], values[0][2], values[1][0], values[1][1], values[1][2]의 순서로 저장된다. 다차원 배열을 초기화할 때 안쪽의 중괄호를 생략한 경우에는 초기 값을 하위 첨자로부터 변경시키면서 할당하게 된다.

```
int values[2][3] = {1,2,3,4};
```

위 예에서 배열의 각 요소는 다음과 같이 초기화된다.

values[0][0] = 1	values[0][1] = 2	values[0][2] = 3
values[1][0] = 4	values[1][1] = 0	values[1][2] = 0

다차원 배열은 수학의 행렬을 표현하는데 사용될 수 있다. 다음 <프로그램 2.2>는 2차원 행렬의 합을 구하는 프로그램이다.

```
#include <stdio.h>

main()
{
   int A[100][100], B[100][100];
   int row, col;
   int i, j;
   printf("Row(<100) : "), scanf("%d", &row);
   printf("Col(<100) : "), scanf("%d", &col);
   for( i = 0; i < col; i++)
           for( j = 0; j < col; j++){
                   printf("A[%d][%d] = ", i, j);
                   scanf("%d", &A[i][j]);
           }
   for( i = 0; i < row; i++)
           for( j = 0; j < col; j++){
                   printf("B[%d][%d] = ", i, j);
                   scanf("%d", &B[i][j]);
           }
   for( i = 0; i < row; i++)
           for( j = 0; j < col; j++)
                   printf("C[%d][%d] = %d₩n", i, j, A[i][j]+B[i][j]);
   return 0;
}
```

〈프로그램 2.2〉 2차원 행렬의 합을 구하는 프로그램

```
Row(<100) : 2
Col(<100)  : 3
A[0][0] = 10
A[0][1] = 20
A[0][2] = 30
A[1][0] = 40
A[1][1] = 50
A[1][2] = 60
B[0][0] = 20
B[0][1] = 30
B[0][2] = 40
B[1][0] = 50
B[1][1] = 60
B[1][2] = 70
```

입력

```
C[0][0] = 30
C[0][1] = 50
C[0][2] = 70
C[1][0] = 90
C[1][1] = 110
C[1][2] = 130
```

수행 결과

두 행렬의 합을 구하기 위해 먼저 행렬의 행과 열의 크기를 입력받은 후, 두 행렬 A와 B의 각 행렬 요소들을 읽어들인 후 두 행렬의 합을 출력하게 된다.

2.2 구조 및 유니언(struct & union)

이 절에서는 typedef, 구조(struct), 유니언(union), 리스트(list) 구조 등에 대하여 설명한다.

(1) typedef의 사용

키워드 typedef을 사용하여 자료형을 하나의 식별자로 대치할 수 있다. 예를 들어 다음과 같이 문장을 작성할 수 있다.

```
typedef char* stringVar;
typedef int intVar;
```

위의 두 문장은 식별자 stringVar는 char* 형과 같은 의미를 나타내며, 식별자 intVar는 int 형과 같은 의미를 가지게 된다. 따라서 다음과 같은 방법으로 변수나 함수를 선언하는 데 이용된다.

```
stringVar department = "computer and communication engineering";
stringVar university = "Taegu University";
intVar studentId, securityId;
```

위의 문장은 char* 형의 변수 department와 university를 선언하고, int 형의 studentId, securityId를 선언한 것과 같다.

(2) 구조(struct)의 선언

구조 기능은 서로 다른 형의 변수들을 하나로 모아서 또 다른 자료형을 정의하는 방법을 제공한다. 간단한 예로 한 학생을 하나의 구조로 다음과 같이 정의할 수 있다.

```
struct  student {
        char*  name;
        int  securityId;
};
```

위의 선언문에서 struct는 키워드이고, name은 학생 이름을 나타내고, securityId는 학번을 나타내기 위하여 정의한 것으로 가정하자. 이때 name과 securityId는 구조의 멤버(member)라 불린다. struct 다음에 오는 태그 이름인 student는 다음과 같이 이 구조형의 변수들을 선언하는 데 사용된다.

```
struct  student s1, s2;
```

위의 선언문은 struct student형의 변수 s1과 s2를 선언하고 기억장소를 할당하게 한다. 다른 방법으로 다음과 같이 선언할 수도 있다.

```
struct  student {
        char*  name;
        int  securityId;
} s1, s2;
```

위 선언문은 struct student라는 자료형을 선언함과 동시에 이 자료형의 변수 s1과 s2를 선언해 준다. 구조 멤버에 접근하기 위해서는 멤버 연산자 '.' 을 이용한다. s1에 학번이 712714이고 이름이 biho인 것을 지정하고 싶으면 다음과 같이 지정문을 사용하면 된다.

```
s1.name = "biho";
s1.security = 712714;
```

만약 s2에 s1의 값을 똑같이 지정하고 싶으면 다음과 같이 지정문을 사용하면 된다.

```
s2 = s1;
```

위 문장은 다음 두 문장을 사용하는 것과 같다.

```
s2.name = s1.name;
s2.securityId = s1.securityId;
```

이와 같이 '구조변수.멤버이름' 과 같은 형태는 하나의 변수로 취급되며 보통 단순한 변수나 배열의 원소가 쓰여지는 방법과 동일하다.

일반적으로 프로그래머들은 typedef 기능을 struct와 함께 사용한다. 간단한 예는 다음과 같다.

```
typedef struct student studentData;
```

위 문장은 다음과 같이 선언한 것과 똑같은 의미를 가진다.

```
typedef sturct {
        char* name;
        int securityId;
} studentData;
```

위와 같이 선언하면 다음과 같이 여러 개의 변수를 선언할 수 있다.

```
studentData s1, s2, s3;
```

구조를 정의할 때에 유의할 점은 하나의 구조 내에서 정의한 멤버들의 이름은 상호간 달라야 한다. 그러나 다른 구조들간에는 멤버 이름이 같아도 된다. 예를 들어 다음 두 구조가 정의되어 있다고 하자.

```
struct student {
        char* name;
        int securityId;
} s1;
```

```
struct  person {
        char* name;
        int securityId;
} p1;
```

위의 두 선언문에서 멤버 이름 name이 두 구조에 같이 사용되었지만, s1.name과 p1.name과 같이 사용되므로 구별되어 진다.

구조는 배열이나 또 다른 구조를 구조의 멤버로 정의할 수 있다. 그리고 구조의 배열도 정의할 수 있다. 다음의 예는 식별자 file은 struct student의 배열로 선언된 것이다.

```
struct  student {
        char*  name;
        int  securityId;
} file[30];
```

(3) 구조의 초기화

구조를 초기화하는 방법은 배열을 초기화하는 구문과 유사하다. 선언에서 구조 변수는 '=' 다음의 괄호 { }로 둘러싸인 상수 값으로 초기화된다. 이 경우 초기화시키는 값의 개수가 구조의 멤버의 수보다 적으면 나머지 멤버들은 자동적으로 '0' (NULL) 값이 된다. 몇 가지 예를 들면 다음과 같다.

```
studentData  s1 = {"biho",712714};
```

```
struct  student {
        char*  name;
        int  securityId;
} s1 = {"biho", 712714};
```

```
struct  student {
        char* name;
        int  securityId;
} file[3] = {"biho", 712714, "sarang", 123456, "bit", 234567, "zayou", 456789};


struct  student  s1 = {0};
```

위의 마지막 예는 모든 멤버를 '0' 으로 초기화시키는 간편한 방법이다. 이 같은 방법은 포인터 멤버에게는 NULL 값을, 기타 멤버에게는 '0' 값을 초기화한다.

(4) 구조를 함수와 함께 사용하기

구조는 함수의 인자로 전달될 수 있고 함수의 반환 값이 될 수도 있다. 구조가 함수의 인자로 전달될 때 값이 전달(call by values)되는 데 이는 함수 안에서 구조의 복사본이 만들어지는 것을 의미한다. 구조의 멤버가 배열이거나 복잡한 구조로 되어있을 때 구조를 인자로 전달하는 것은 비효율적이다. 따라서 함수의 인자로서 구조를 주소로 받는 것이 효율적이다.

예를 들면 다음과 같이 struct student형의 자료 s1을 update 이라는 함수의 인자로 전달하려고 하면 다음과 같이 사용한다.

```
struct  student  s1;
 ..............
update(&s1);
 ..............
```

그리고 update 함수의 형식인자는 다음과 같이 정의한다.

```
update(struct  student  *s)
{
        ..............
```

```
        s→name = "tiger";
        s→securityId = 123456;
        ..............
}
```

(5) 유니언(Unions)

유니언은 구조와 마찬가지로 선언문의 구문은 비슷하지만 각 멤버는 기억장소를 공유한다. 유니언의 한 멤버만이 컴파일 하려는 멤버중의 가장 큰 것을 지원하는 기억장소를 할당한다. 따라서 프로그래머는 저장된 값에 대해 정확히 해석할 수 있어야 한다. 다음과 같이 간단한 선언문 예를 보자.

```
union  intOrFloat {
    int  i;
    float  f;
}
```

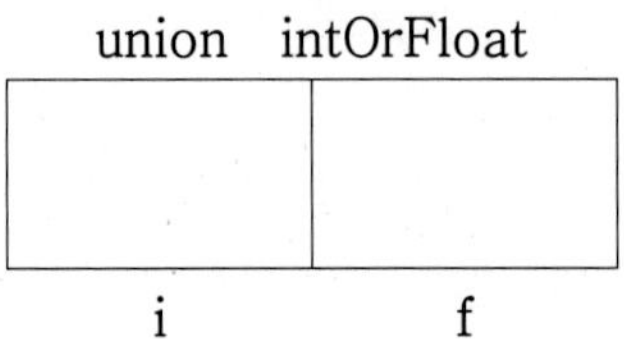

위의 선언에서 union은 키워드이고 intOrFloat는 유니언의 태그 이름이며 변수 i와 f 는 유니언의 멤버들이다. 키워드 union 다음의 태그 이름은 이 자료형의 변수들을 선언하는 데 사용된다.

간단한 예는 다음과 같다.

```
union  intOrFloat  a, b, c;
```

위의 선언은 변수 a, b, c 등을 intOrFloat 자료형으로 선언한 것이다. 유니언의 멤버에 접근하는 데 쓰여지는 기호는 구조의 멤버를 접근하는데 쓰여진 멤버 연산자 "."을 이용한다.

(6) 자기 참조 구조(Self-referential Struct)

자기 자신과 같은 구조를 가리키는 멤버를 포함하는 구조를 정의해보자.

다음과 같은 선언문을 보자.

```
struct list {
        char data;
        struct list *next;
};
typedef struct list *link;
```

위 list의 선언은 2개의 멤버를 위한 기억장소를 가진다. 하나는 멤버 data를 저장하며, 나머지 하나는 멤버 next를 저장한다. 포인터 변수로 선언된 next를 링크(link)라고 부른다. 멤버 next를 이용하여 연속적인 구조를 연결할 수 있다. 이 구조들은 화살표를 이용하여 다음과 같이 편리하게 하나의 노드(node) 그림으로 표시할 수 있다.

Struct list의 구조

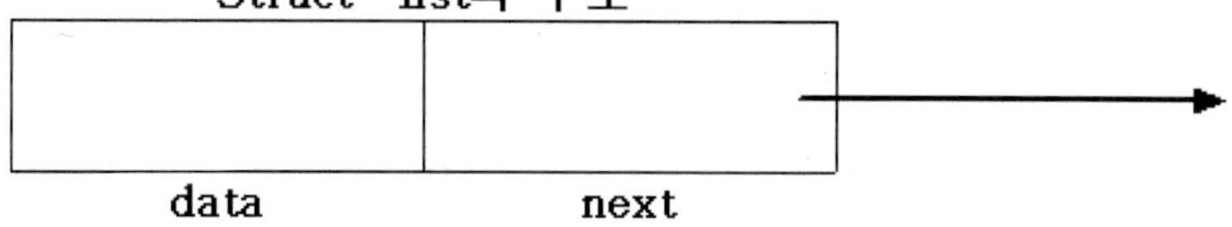

포인터 변수 next는 자기 뒤의 list 노드의 기억장소 위치나 '0' 으로 정의된 특별한 값 NULL을 가진다. next의 값이 NULL이면 list의 마지막을 의미한다.
다음은 list 구조를 가진 변수 a, b, c를 선언한 것이다.

```
struct list a, b, c;
```

이 구조들에게 값을 다음과 같이 지정할 수 있다.

```
a.data = 'a';
b.data = 'b';
c.data = 'c';
```

a.next = NULL
b.next = NULL
c.next = NULL

위의 문장을 실행한 결과를 그림으로 나타내면 다음과 같다.

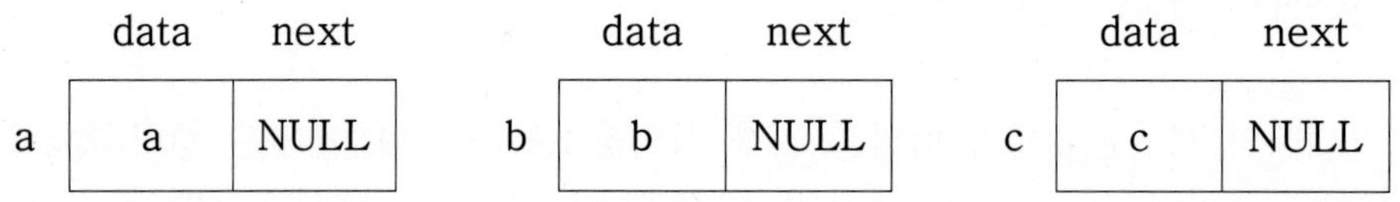

그리고 다음 두 문장

a.next = &b;
b.next = &c;

을 실행한 결과를 그림으로 나타내면 다음과 같다.

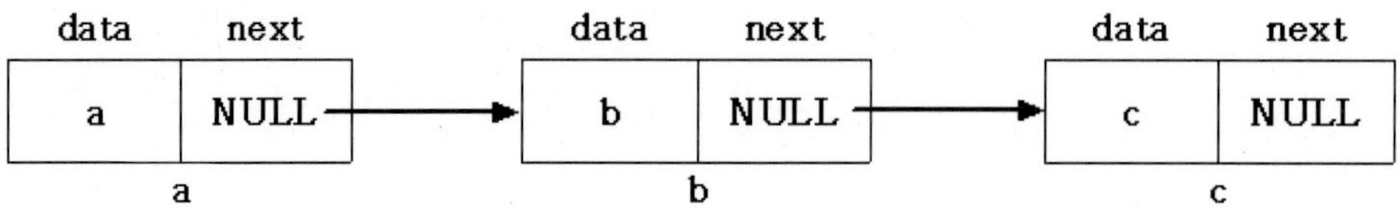

따라서,
a.next→data 의 값은 b 가 되며,
a.next→next→data 의 값은 c 가 된다.

(7) 연결 리스트(Linked Lists)

자기 참조 구조를 이용하여 연결 리스트를 생성할 수 있다. 연결 리스트는 리스트의 첫 번째 노드를 가리키는 헤드 포인터 이름이 있으며, 각 노드들은 자기 뒤에 있는 노드를 가리키게 되며, 마지막 노드는 자기 뒤에 노드가 없으므로 NULL 값을 가지게 된다.

다음과 같이 list 구조가 선언되었다고 가정하자.

```
struct  list {
        char   data;
        struct  list  *next;
};
typedef  struct  list  *link;
link  head, second, third;
```

링크 리스트를 위한 기억장소를 할당하기 위해서는 다음과 같이 작성한다.

```
head = malloc(sizeof(struct  list));
```

이때, 함수 malloc(sizeof(......))는 괄호 안에 있는 자료형의 크기만큼 저장장소를 확보하여 그 포인터를 돌려주는 함수이다. 위 문장으로 struct list를 저장할 수 있는 저장장소를 시스템으로부터 확보하여 head라는 포인터가 그 주소를 지정한다. 그 실행결과는 다음과 같이 그림으로 표현할 수 있다.

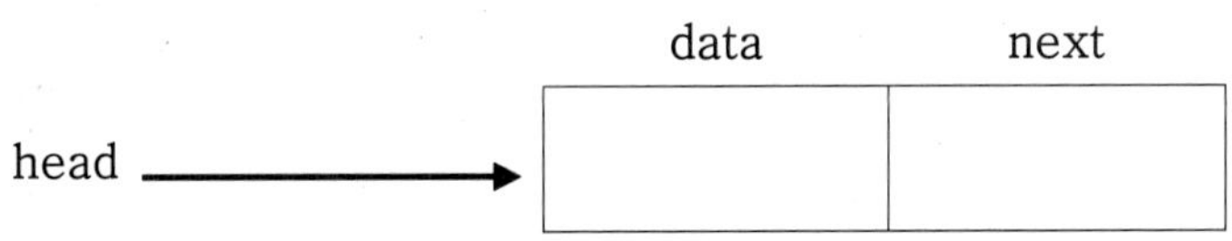

헤드 포인터 head가 가리키는 노드의 data 멤버에 'a'를 저장하고, next 멤버에 NULL을 저장하고자 하면 다음과 같이 작성한다.

```
head = malloc(sizeof(struct  list));
head→data = 'a' ;
head→next = NULL;
```

위 문장의 실행결과는 다음과 같이 그림으로 표현할 수 있다.

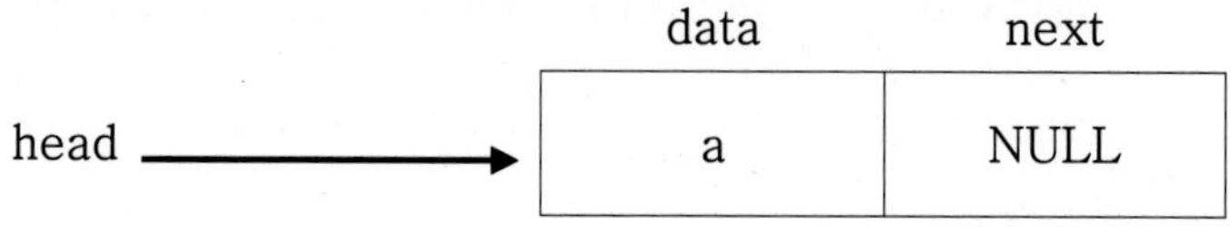

두 번째 노드로 'b'가 저장되어 첫 번째 노드 뒤에 연결된 링크 리스트를 생성하고자 하면 다음과 같이 작성한다.

```
second = malloc(sizeof(struct  list));
second→data = 'b';
second→next = NULL;
head→next = second;
```

위 문장의 실행결과는 다음과 같이 그림으로 표현할 수 있다.

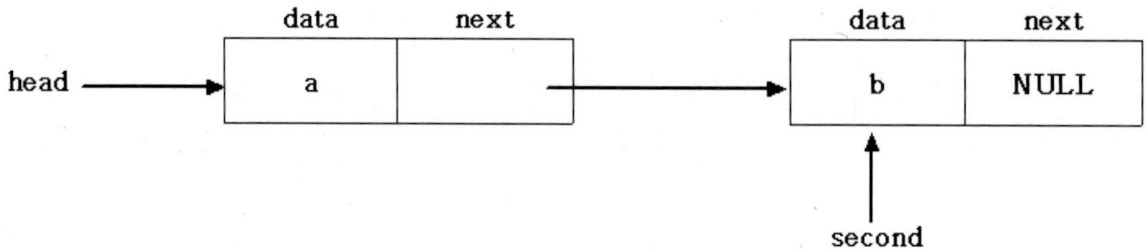

세 번째 노드로 'c' 가 저장된 링크 리스트를 생성하고자 하면 다음과 같이 작성한다.

```
third = malloc(sizeof(struct  list));
third→data = 'c' ;
third→next = NULL;
head→next→next = third;
```

위 문장의 실행결과는 다음과 같이 그림으로 표현할 수 있다.

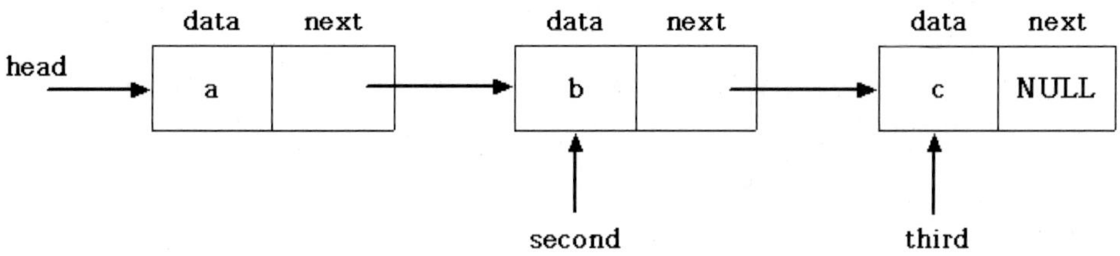

2.3 다항식(Polynomial)

다음 수식과 같이 표현되는 것을 다항식이라고 한다.

$$P(x) = a_1 x^{e_1} + \cdots + a_n x^{e_n}$$

다항식은 $\langle e_i, a_i \rangle$의 순서쌍으로 된 집합이며, 이때 e_i는 지수이며 a_i는 계수이다.

나항식은 다음과 같이 구조를 이용하여 표현할 수 있다.

```
typedef  struct {
  int  exponents;
  float  coefficient[DEGREE];
} polynomial;
```

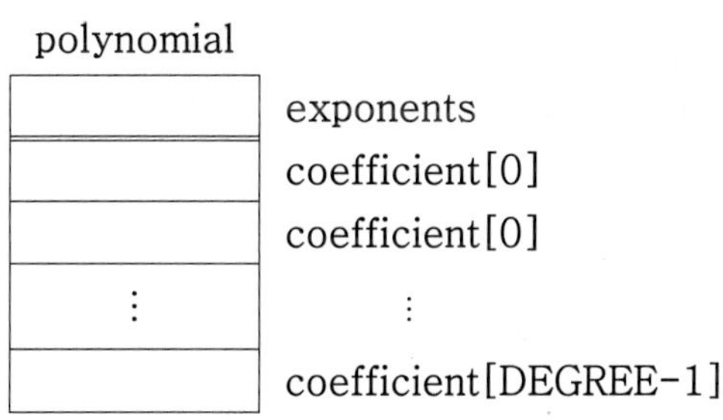

exponents 필드는 최고차항 지수를 나타내며, 배열 coefficient는 다항식 각 항의 계수를 저장한다. 예를 들어 다항식 $a = 3x^2 + 2x + 1$ 을 나타내기 위하여 다음과 같이 표현한다.

polynomial a;

```
a.exponents = 2
a.coefficient[0] = 1
a.coefficient[1] = 2
a.coefficient[2] = 3
```

이 방식으로 다항식을 표현하면 a.coefficient[*i*] = 0 인 것이 많아지므로 메모리가 낭비된다. 따라서 공간을 절약하기 위하여 다음과 같이 배열을 이용하여 계수가 '0' 이 아닌 다항식의 각 항을 저장할 수 있다.

```
#define  NoOfTerms  50
typedef  struct{
  float  coefficient;
  int  exponent;
} polynomial;
```

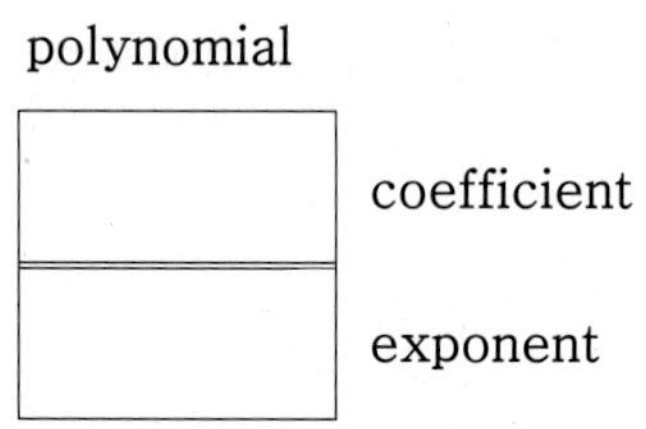

이때 NoOfTerms는 항의 개수를 나타내며, 다항식의 각 항은 (coefficient, exponent) 쌍으로 표현된다. 다항식은 여러 개의 항으로 표현되기 때문에 다음과 같이 배열로 선언한다.

polynomial terms[NoOfTerms];

그러면 다음과 같은 50개의 항을 저장할 수 있는 배열이 만들어진다.

	0	1	2	3	4	5	6	······	49
coefficient									
exponent									

예를 들어 다음과 같은 두 개의 다항식은 아래의 그림과 같이 저장하면 된다.

$f(x) = 3x^3 + 2x^2 + 1$

$g(x) = 7x^8 + 8$

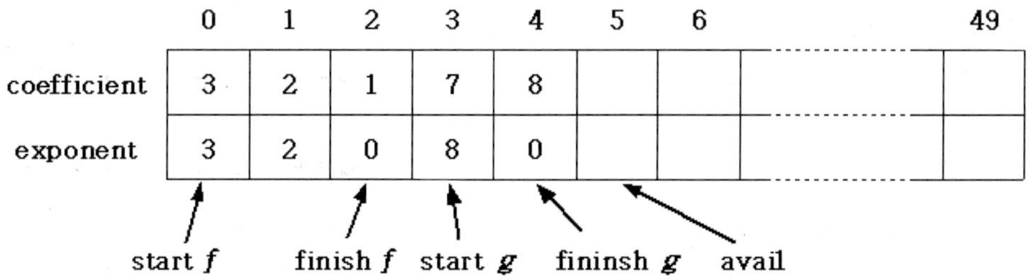

이때 start f 와 finish f 는 저장된 $f(x)$의 시작과 끝을 나타내며, start g 와 finish g 는 저장된 $g(x)$의 시작과 끝을 나타낸다. avail은 빈칸의 시작을 나타내며, 저장하고자 하는 다항식은 이곳에서부터 저장하면 된다.

아래 프로그램은 $f(x)$와 $g(x)$를 덧셈하여 avail부터 저장하는 프로그램이다.

$k(x) = f(x) + g(x)$를 수정하는 프로그램이다.

```
#define COMPARE(x, y)  (((x) < (y)) ? -1 : ((x) == (y)) ? 0 : 1)
#define  NoOfTerms  50
typedef  struct {
      float  coef;
      int  exp;
} polynomial;
polynomial  terms[NoOfTerms];
int  avail = 0;
```

```
void padd(int  startF, int  finishF, int  startG, int  finishG, int  startK, int  finishK)
{ /* K(x) = F(x) + G(x) */
    float  coefficient;
    avail = startK;
    while(startF <= finishF && startG <= finishG)
            switch(COMPARE(terms[startF].exp, terms[startG].exp)) {
                    case -1 : /* F(x)의 항의 차수 < G(x)의 항의 차수 */
                            attach(terms[startG].coef, terms[startG].exp);
                            startG++;
                            break;
                    case 0 : /* F(x)의 항의 차수 = G(x)의 항의 차수 */
                            coefficient = terms[startF].coef + terms[startG].coef;
                            if(coefficient) attach(coefficient, terms[startF].exp);
                            startF++;
                            startG++;
                            break;
                    case 1 : /* F(x)의 항의 차수 > G(x)의 항의 차수 */
                            attach(terms[startF].coef, terms[startF].exp);
                            startF++;
            }
    /* F(x)의 나머지 항들을 더함 */
    for( ; startF <= finishF; startF++)
            attach(terms[startF].coef, terms[startF].exp);
    /* G(x)의 나머지 항들을 더함 */
    for( ; startG <= finishG; startG++)
            attach(terms[startG].coef, terms[startG].exp);
    finishK = avail - 1;
}
```

```
void attach(float  coefficient, int  exponent)
{
   if(avail > NoOfTerms) {
           fprintf(stderr, "Too many terms in the polynomial₩n");
           exit(1);
           }
           terms[avail].coef = coefficient;
           terms[avail++].exp = exponent;
}
```

이때 COMPARE는 두 다항식의 덧셈을 위해 차수를 비교하고, 함수 attach는 더해진 항을 생성하여, 위치 avail부터 저장한다.

2.4 행렬(Matrix)

다음과 같이 표현되는 것을 행렬이라고 한다.

$$A = \begin{bmatrix} a_{11} & a_{12} & a_{13} \\ a_{21} & a_{22} & a_{23} \end{bmatrix}$$

이 행렬은 다음과 같이 이차원 배열로 표현하여 각 원소를 저장할 수 있다.

***a*[row][col]**

예를 들어 다음과 같은 행렬은 이차원 배열로 오른쪽과 같이 표현할 수 있다.

$$A = \begin{bmatrix} 1 & 0 & 0 \\ 0 & 1 & 0 \\ 0 & 0 & 1 \end{bmatrix}$$

```
a[0][0]=1   a[1][0]=0   a[2][0]=0
a[0][1]=0   a[1][1]=1   a[2][1]=0
a[0][2]=0   a[1][2]=0   a[2][2]=1
```

그러나, 원소가 '0' 인 항이 많으면 메모리를 낭비하면서 저장할 필요성이 없다. '0' 이 많은 행렬을 희소행렬(Sparse Matrix)라고 한다. 이에 대한 해결방법으로 <row, column, value>와 같이 3원소 쌍으로 표현할 수 있다.

```
#define   NoOfTerms   50
typedef   struct {
          int   row;
          int   col;
          int   value;
} term;
term   a[NoOfTerms];
```

위와 같이 표현하면 '0' 이 아닌 원소만 저장할 수 있다.

	0	1	2	······	49
row	0	1	2		
col	0	1	2		
value	1	1	1		

↑ starta (0), ↑ finisha (2)

연 습 문 제

1. 다음 프로그램의 수행 결과를 보이시오.

```
main()
{
  char  *strp[3] = {"good", "morning", "world"};
  char  **pa;
  pa = strp;
  printf("*(strp + 2) = %s\t*(*(strp + 2) +1) = %c\n", ₩
              *(strp + 2), *(*(strp + 2) + 1));
  printf("*(pa + 2) = %s\t*(*(pa + 2) +1) = %c\n", ₩
              *(pa + 2), *(*(pa + 2) + 1));
  printf("*(pa + 1) = %s\t*(*(pa + 1) +2) = %c\n", ₩
              *(pa + 1), *(*(pa + 1) + 2));
  return 0;
}
```

2. 다음 중 포인터와 배열을 제대로 사용한 예와 그렇지 않은 예를 구별하고 잘못 사용되어진 경우에는 그 이유를 설명하시오.

```
① int i, *ip;      i = 10; *ip = 100;
② char m[10]       m = "Taegu";
③ char *cp;        cp = "Taegu";
④ char *cp;        strcpy(cp, "Taegu");
```

3. 행 중심 배열과 열 중심 배열의 차이점을 기술하시오.

3장 스택(Stack)과 큐(Queue)

선형 자료구조에서 삽입(insertion)과 삭제(deletion)와 같은 연산을 선형구조의 한쪽 끝, 또는 양쪽 끝에서 수행되도록 하면 많은 자료의 이동이 발생하지 않고 효율적으로 처리할 수 있다. 이 장에서는 선형 리스트 자료구조 중 특별한 구조인 스택과 큐를 설명한다.

3.1 스택(Stack)

스택은 모든 삽입과 삭제가 선형 리스트의 한쪽 끝에서만 이루어지는 특별한 자료구조를 의미한다. 예를 들어, 스택 S에 자료 $a_0, a_1, a_2, \ldots\ldots a_{n-1}$등을 삽입한다고 가정하자.

$$S=(a_0, a_1, a_2, \cdots, a_{n-1})$$

그러면 아래 그림과 같이 위치를 가리키는 변수 'top' 이 지정하는 곳에 새로운 자료가 삽입된다. 그리고 삭제도 반드시 'top' 이 가리키는 원소를 삭제한다.

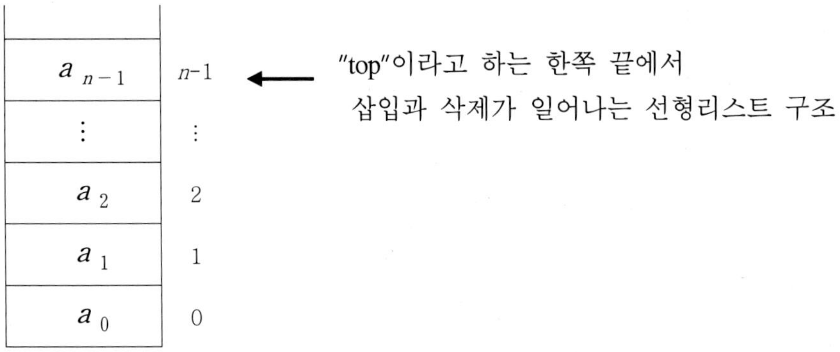

프로그램 실행 시작시 'top' 이 초기치 '-1' 을 가리키고 있으며, 새로이 삽입할 자료가 발생하면 위치를 하나씩 증가하면서 자료를 저장한다.

삽입 시에는 그 위치가 0, 1, 2, 3, …, $(n-1)$과 같이 삽입 위치가 증가한다. 반대로 삭제 시에는 그 위치가 $(n-1)$, $(n-2)$, $(n-3)$, …, 3, 2, 1, 0과 같이 하나씩 감소한다. 따라서, 가장 나중에 삽입된 자료가 가장 먼저 삭제되는 LIFO(Last-In First-Out) 구조이다.

스택구조에는 다음과 같은 연산을 적용할 수 있다.

- create : 스택을 생성한다.
- push : 스택에 'top' 이 가리키는 위치에 자료를 삽입한다.
- IsFull : top >= n-1일 경우 스택에 더 이상의 공간이 없음을 나타낸다. 이때 n은 스택의 크기이다.
- pop : 스택의 'top' 이 가리키는 위치에 있는 자료를 삭제한다.
- IsEmpty : top < 0일 경우에 스택에 삭제할 자료가 없음을 나타낸다.

(1) 스택 생성(Create)

다음과 같이 스택크기 50개와 저장할 자료구조를 정의할 수 있다. 저장할 자료는 정수(int)형태이다.

```
#define  STACK_SIZE  50
typedef  struct {
     int value;
} element;
element  stack[STACK_SIZE];
int  top = -1;  /* 초기 값 */
```

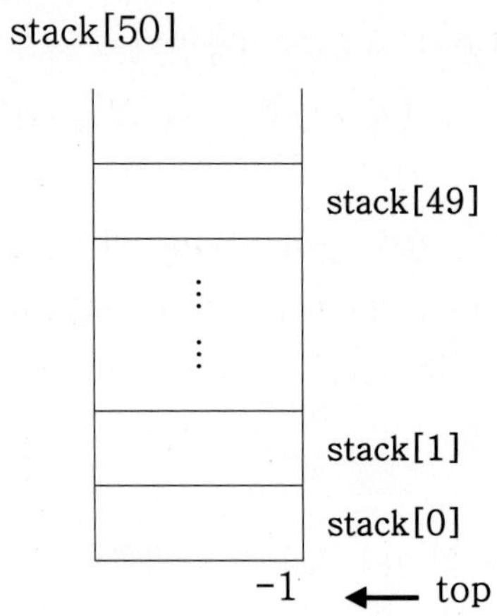

(2) 자료삽입(Push)

다음 함수 push는 'top' 이 가리키는 위치에 자료 'item' 을 삽입하는 기능을 한다.

```
void  push(int  top, element  item)
{
   if(top >= (STACK_SIZE - 1)) {
           printf("stack is full₩n");
           return;
   }
   stack[++top] = item;
}
```

스택에 공간이 있는지를 검사한 후 공간이 있으면 'top' 을 증가시켜 'top' 이 가리키는 장소에 자료 'item' 을 저장한다.

이 함수를 이용하기 위하여 호출하는 방법은 다음과 같다.

push(top, item);

(3) 자료삭제(Pop)

다음 함수 'pop' 은 'top' 이 가리키는 위치에 저장된 자료를 삭제하는 기능을 한다.

```
element  pop(int top)
{
   if(top == -1) {
            printf("stack is empty₩n");
            return;
   }
   else
            return  stack[(top)--];
}
```

'top' 이 가리키는 위치의 자료를 삭제(반환)하고, 'top' 의 위치를 하나 감소시킨다. 이 함수를 사용하기 위하여 호출하는 방법은 다음과 같다.

```
item = pop(top);
```

스택의 push와 pop의 기능은 함수의 프로시쥬어 호출(procedure call) 처리에 이용된다.

3.2 큐(Queue)

큐 구조는 한쪽 끝에서 자료가 삽입되고 반대쪽 끝에서 삭제가 발생하는 선형 리스트 구조이다. 이때 삽입될 위치를 가리키는 변수 'rear' 와 삭제될 위치를 가리키는 변수 'front' 등의 2개의 위치변수가 필요하다.

큐 구조인 Q에 다음과 같이 a_0, a_1, a_2, …, a_{n-1}을 순서대로 저장했다고 가정하자. 그러면 맨 앞에 저장된 a_0의 위치는 'front' 가 가리키고 있으며,

맨 뒤에 저장된 a_{n-1}의 위치는 'rear' 가 가리키고 있다.

$$Q=(a_0, a_1, a_2, \cdots, a_{n-1})$$

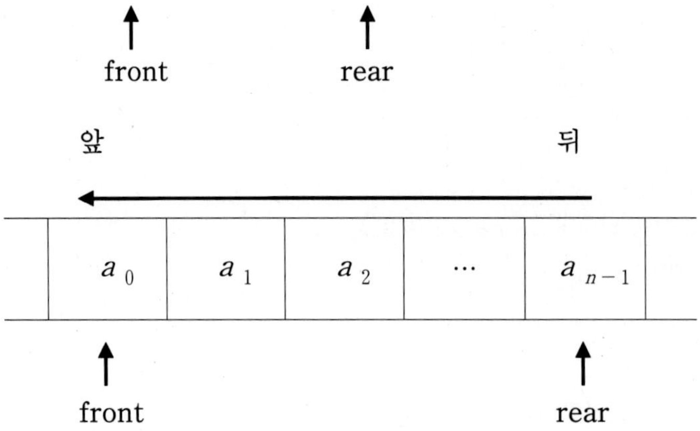

삽입은 항상 가장 뒤를 가리키는 'rear' 의 위치에서 발생하며, 삭제는 항상 가장 앞을 가리키는 'front' 의 위치에서 발생한다. 따라서, 큐 구조는 가장 먼저 입력된 자료가 가장 먼저 삭제되는 FIFO(First-In First-Out) 구조를 가진다.

큐 구조에는 다음과 같은 연산을 적용할 수 있다.

- create : 큐 구조를 생성한다.
- add : 큐에 새로운 자료를 가장 뒤에 삽입한다.
- IsFull : 큐 구조에 새로운 자료를 삽입할 공간이 있는지를 검사한다.
- delete : 큐에서 가장 앞에 있는 자료를 삭제한다.
- IsEmpty : 큐에서 삭제할 자료가 있는지를 검사한다.

(1) 큐 생성(Create)

큐의 크기와 저장할 자료의 형태를 정의한다. 여기서는 50개의 정수형(int) 자료를 저장할 곳을 생성한다.

```
#define  QUEUE_SIZE  50
typedef  struct {
     int  value;
} element;
element  queue[QUEUE_SIZE];
int  rear = -1;
int  front = -1;
```

가장 앞을 가리키는 변수 ‘front’ 와 가장 뒤를 가리키는 변수 ‘rear’ 의 초기치를 ‘-1’ 로 하여 ‘0’ 번째부터 자료가 저장되도록 한다. 이때, 큐가 비었는지를 검사하는 조건(IsEmpty)과 큐가 빈 공간 없이 채워졌는지를 검사하는 조건(IsFull) 을 다음과 같이 ‘front’ 와 ‘rear’ 의 값으로 판단이 가능하다.

- IsEmpty : front == rear
- IsFull : rear == (QUEUE_SIZE - 1)

생성된 큐의 초기 모습은 다음과 같다.

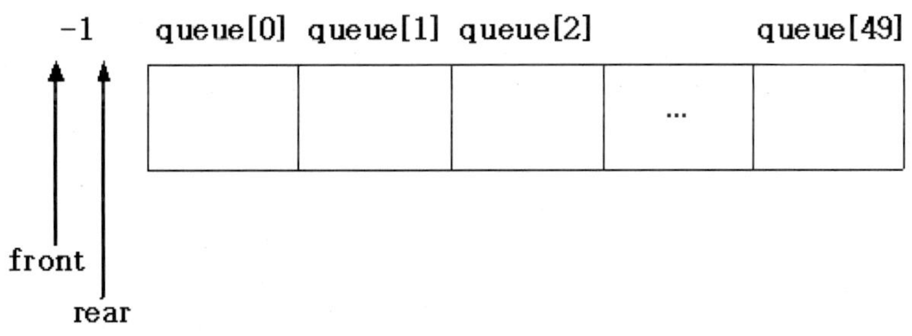

(2) 자료삽입(Add)

다음 함수 add는 큐가 빈 공간이 있는 지를 확인한 후, ‘rear’ 의 위치를 하나 증가시킨 후에 자료 ‘item’ 을 삽입한다.

```
void  add(int  rear, element  item)
{
   if(rear == (QUEUE_SIZE - 1)) {
           printf("queue is full!\n");
   return;
   }
   queue[++rear] = item;
}
```

함수 add를 이용하기 위하여 다음과 같이 호출하면 된다.

add(rear, item);

(3) 자료삭제(Delete)

다음 함수 delete는 큐가 비어있는 지를 검사한 후에 비어있지 않으면 'front'의 위치를 증가 시켜서 'front' 가 가리키는 자료를 삭제(반환) 한다.

```
element  delete(int  front, int  rear)
{
   if(front == rear) {
           printf("queue is empty!\n");
           return;
   }
   return  queue[++front];
}
```

함수 delete를 이용하기 위해서는 다음과 같이 호출하면 된다.

item = delete(front, item);

큐에 대한 삽입과 삭제 작업이 반복됨에 따라 점차 오른쪽으로 'front' 와

'rear' 의 위치가 이동한다. 결국에는 아래 그림과 같이 rear = (QUEUE_SIZE - 1)이 되어서 큐가 포화상태가 된다. 그러나 'front' 의 왼쪽에는 빈 공간이 있다.

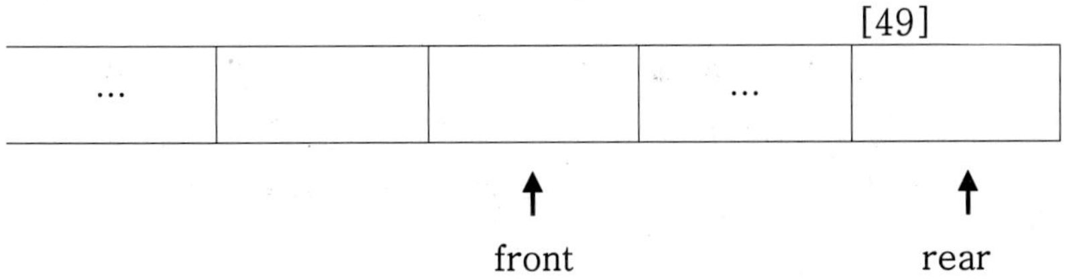

이를 해결하기 위해서는 'front' 위치부터 'rear' 위치까지의 자료를 다시 '0' 번째부터 위치하도록 옮기는 작업을 해야한다. 이는 상당한 성능 손실을 가져온다.

3.3 원형 큐(Circular Queue)

위와 같은 문제점을 해결하기 위하여 원형 큐(circular queue)를 이용한다. 아래 그림에서 보는 바와 같이 '0' 번 위치에서부터 자료가 삽입 및 삭제가 되며, 큐의 '5' 번 위치 다음에는 다시 '0' 번 위치에 자료를 저장한다.

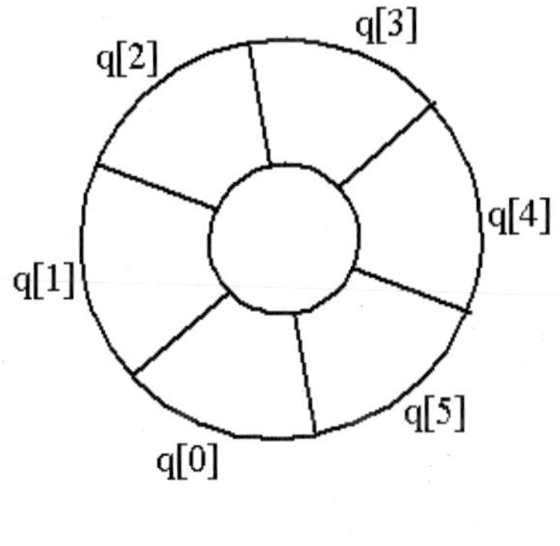

원형 큐를 이용하기 위하여 'front' 와 'rear' 는 모두 '0' 으로 초기화한다.

```
front = 0;
rear = 0;
```

원형 큐의 'front' 는 큐의 첫 번째 원소로부터 시계 반대방향으로 하나 앞 위치를 가리킨다. 원형 큐가 비어있는 상태는 'front' 와 'rear' 의 위치가 같게되는 경우(front == rear)이다. 그리고 (QUEUE_SIZE - 1)개의 원소만 저장한다.

(1) 자료 삽입(CQadd)

다음 함수 CQadd는 원형 큐에 새로운 자료를 삽입하는 기능을 한다. 삽입할 위치 'rear' 를 모듈러(%) 연산을 이용하여 하나 증가한다. 이때 'front' 와 'rear' 의 위치가 같으면 원형 큐가 포화상태이다. 이 경우에는 큐가 포화상태라는 메시지를 보내고 끝낸다. 큐가 포화상태가 아닌 경우에는 'rear' 위치에 자료 'item' 을 저장한다.

```
void CQadd(int front, int rear, element item)
{
   rear = (rear + 1) % QUEUE_SIZE;
   if(front == rear) {
           printf("queue is full!\n");
           return;
   }
   queue[rear] = item;
}
```

(2) 자료 삭제(CQdelete)

다음 함수 CQdelete는 원형 큐의 'front' 위치에 있는 자료를 삭제하는 기능을 한다. 먼저 큐가 비어있는 지를 검사한 후에, 큐가 비어있지 않으면 'front' 의 위치를 모듈러(%) 연산을 이용하여 하나 증가시키고, 그 위치에 있는 자료를 삭제(반환) 한다.

```
element  CQdelete(int  *front, int  rear)
{
   if(front == rear) {
            printf("queue is empty!\n");
            return;
   }
   else {
            front = (front + 1) % QUEUE_SIZE;
            return  queue[front];
   }
}
```

3.4 수식 표현

우리가 수학시간에 사용하는 수식은 연산자(operator)가 피연산자(operand) 사이에 있기 때문에 중위 표기방식(infix notation)이라고 부른다. 그러나 컴퓨터가 수식을 계산하기에는 적합하지 않다. 왜냐하면 연산자의 우선순위를 고려하여야 하기 때문이다. 따라서 컴퓨터가 계산하기에 적합한 후위 표기방식(postfix notation)으로 변환하여야 한다.

다음은 중위 표기방식과 후위 표기방식의 예를 보인다.

- 중위 표기방식 : (2 + 3) * 4
- 후위 표기방식 : 23 + 4 *

후위 표기방식은 다음 그림과 같이 스택을 이용하여 계산된다.

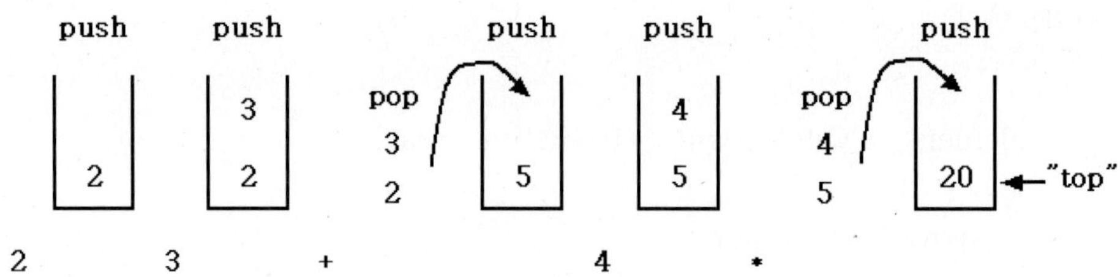

후위 표기방식 23 + 4 *를 계산하기 위하여,

① '2' 와 '3' 을 스택에 삽입(push) 한다.
② '+' 연산자를 만나면 스택에 있는 자료들을 꺼내어(pop) '+' 연산을 수행한다(5).
③ '5' 를 스택에 삽입(push) 한다.
④ '4' 를 스택에 삽입(push) 한다.
⑤ '*' 연산자를 만나면 스택에 있는 자료들을 꺼내어(pop) '*' 연산을 수행한다(20).
⑥ '20' 을 스택에 삽입(push) 한다.
⑦ 더 이상의 입력이 없으므로 스택의 'top' 에 있는 '20' 을 결과로 한다.

중위 표기 방식을 후위 표기방식으로 변환하는 방법은 다음과 같다.

· 단계1 : 식을 모두 괄호로 묶는다.
· 단계2 : 이항 연산자(binary operator)들을 오른쪽에 있는 괄호와 대체한다.
· 단계3 : 괄호를 삭제한다.

예를 들면 다음과 같은 단계를 거쳐서 후위 표기방식으로 변환한다.

중위 표기방식 : $a/b-c+d*e-a*c$

$\rightarrow\ ((((a/b)-c)+(d*e))-(a*c))$

→ 후위 표기방식 : $ab/c-de*+ac*-$

스택을 이용하여 중위 표기방식을 후위 표기방식으로 변환할 수 있다.
변환 방법은 다음과 같다.

① 피연산자는 즉시 출력한다.
② 스택의 ‘top’ 에 있는 연산자의 우선 순위(precedence hierarchy)가 스택에 들어올 연산자보다 작으면 ‘push’ 한다.

예를 들어 x + y * z를 스택을 이용하여 처리하는 과정은 다음 그림과 같다.

입력	처리		top	출력결과
x	output →	x	-1	
+	push →	+	0	x
y	output →	y		xy
*	push →	* +	1	
z	output →	z		xyz
$ (입력끝)	pop →	*	0	xyz*
	pop	+	-1	xyz*+

괄호가 있는 경우에는 다음과 같은 방법으로 변환한다.

① 피연산자는 출력한다.
② 오른쪽 괄호가 나타날 때까지 연산자는 ‘push’ 한다.
③ 오른쪽 괄호가 나타나면 왼쪽 괄호까지 연산자는 ‘pop’ 하고 왼쪽 괄호는 삭제한다.
④ 새 연산자가 스택의 ‘top’ 에 있는 연산자보다 우선 순위가 높으면 ‘push’ 하고, 아니면 ‘pop’ 한다.

예를 들면, a * (b + c) * d 는 다음 그림과 같이 처리된다.

입력	처리	top	출력결과
a	output → a	-1	a
*	push → [*]	0	
(	push → [(, *]	1	
b	output → b		ab
+	push → [+ , (, *]	2	
c	output → c		abc
)	pop → [*] + (	0	abc+
*	pop → [ ] *		abc+*
	push → [*]	0	
d	output → d		abc+*d
$ (입력끝)	push → [ ] *	-1	abc+*d*

3.5 다중 스택(Multiple Stack)

일차원 배열을 이용하여 두 개의 스택을 만들 수 있다.
예를 들어, 아래 그림과 같이 일차원 배열 a[100]이 있다고 하자.

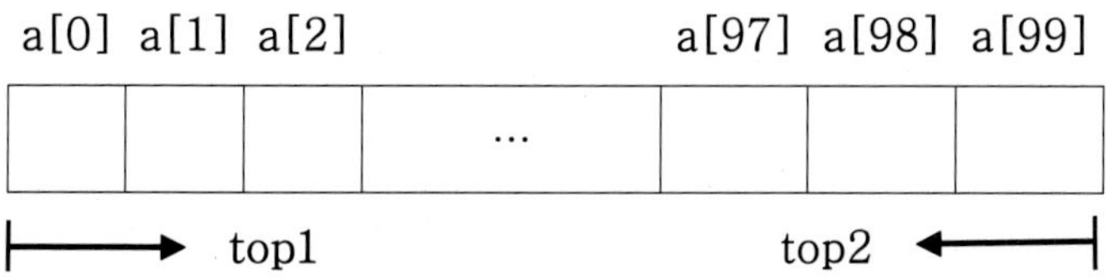

첫 번째 스택은 'top1' 이 a[0] 위치부터 삽입과 삭제가 발생하며, 두 번째 스택은 'top2' 가 a[99] 위치부터 삽입과 삭제가 발생한다. 'top1' 은 '0' 에서 '99' 를 향해 자료를 삽입하면, 'top2' 는 '99' 에서 '0' 을 향해서 자료를 삽입해 나간다.

연 습 문 제

1. 스택에 대해 간략히 설명하시오.

2. 큐에 대해 간략히 설명하시오.

3. 스택의 오버플로(overflow) 처리 방안을 기술하시오.

4. 큐의 오버플로 처리 방법을 기술하시오.

5. 다음 수식을 후위 표기법으로 나타내시오.

   a) A ^ B - c * d
   b) A * (B -c) * D / E
   c) A - B * D + E / (F + G) - H

4장 리스트(List)

선형 리스트는 (a_0, a_1, a_2,…, a_{n-1})로 표현되며, 선형 리스트를 구성하는 각 항목들을 원소(element) 또는 노드(node)라고 한다. 리스트를 구성하는 노드의 개수를 리스트의 크기라고 한다.

4.1 리스트 표현

선형 리스트를 컴퓨터 내부에 표현하는 방법은 1차원 배열을 이용하여 순차적으로 나타내는 방법과 포인터(pointer)를 사용하여 연결리스트(linked list)로 나타내는 방법이 있다.

(1) 1차원 배열을 이용한 방법

1차원 배열을 이용하여 선형리스트를 나타내는 방법은, 주어진 선형 리스트 (a_0, a_1, a_2,…, a_{n-1})을 1차원 배열 list[n]으로 나타내는 것이다.

아래 그림과 같이 선형 리스트의 i번째 원소는 배열에서 i번째 저장된다.

list[n]		
	a_{n-1}	list[n-1]
	a_{n-2}	list[n-2]
	⋮	
	a_1	list[1]
	a_0	list[0]

선형 리스트(a_0, a_1, a_2,⋯, a_{n-1})은 순차적으로 저장되며, 각 원소는 임의의 위치에서 삽입과 삭제가 가능하다. 1차원 배열을 이용하여 선형 리스트를 구현하면 간단하다는 장점이 있지만 리스트의 크기가 배열의 크기에 의해 제한을 받는다. 그리고 기존 원소들 사이에 새로운 원소를 삽입할 때 다른 원소들을 이동시켜야 한다. 원소 삭제 시 그 공간은 비어 있게 된다.

(2) 포인터(Pointer)를 이용한 방법

1차원 배열을 이용한 단점을 극복하기 위하여 링크(link)라는 포인터를 이용하여 리스트의 각 원소들을 연결하는 방법이 있다. 링크는 다음 원소의 시작 주소를 나타내는 포인터이다. 선형 리스트를 링크를 사용하여 표현한 리스트를 연결 리스트(linked list)라고 한다. 연결 리스트에서는 리스트 원소를 일반적으로 노드라고 부른다.

다음 그림과 같이 연결 리스트의 각 노드는 두 개의 필드로 구성된다. 하나는 자료를 저장하는 부분이며, 나머지 하나는 다른 노드를 가리키는 포인터이다.

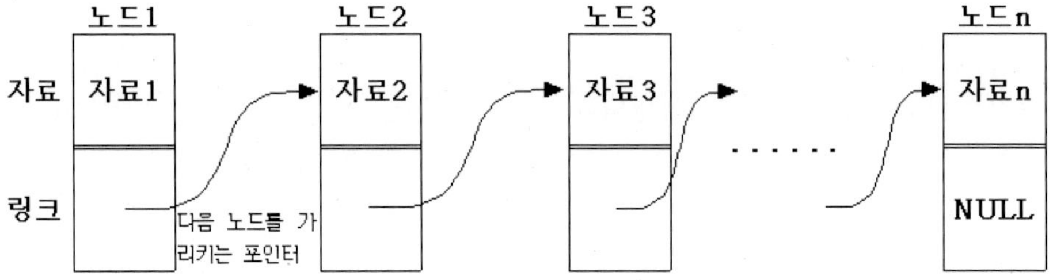

연결 리스트는 필요할 때마다 노드를 생성하여 자료를 저장하여 연결하면 되므로 리스트 크기의 제한이 없고, 기존 노드의 중간에 새로운 노드를 삽입 시 다른 노드를 이동시킬 필요가 없다. 마지막 노드는 다음에 오는 노드가 없으므로 링크 필드의 값이 'NULL'이 된다.

(3) 리스트 연산

선형 리스트에 적용할 수 있는 연산은 다음과 같다.

- 이용(access) : 리스트를 구성하는 임의의 원소의 위치를 파악하여 그 노드에 대한 데이터를 읽는 연산
- 삽입(insertion) : 리스트에 새로운 원소를 삽입하는 연산
- 삭제(deletion) : 리스트에서 어떤 원소를 제거하는 연산
- 변경(update) : 리스트의 어떤 원소의 내용을 변경시키는 연산
- 탐색(search) : 리스트의 임의의 원소의 내용을 찾는 연산
- 정렬(sort) : 리스트를 구성하는 모든 원소들을 어떤 순서에 의하여 정렬하는 연산
- 복사(copy) : 리스트를 이루는 어떤 원소들, 혹은 리스트 전체를 복사하여 새로운 리스트를 만드는 연산
- 분리(split) : 하나의 리스트를 둘 이상의 리스트로 분리하는 연산
- 합병(merge) : 둘 이상의 리스트를 하나의 리스트로 합치는 연산

4.2 malloc( )와 free( )

연결 리스트를 구현하기 위해서는 필요할 때마다 새로운 노드를 만들기 위하여 메모리를 할당받는 malloc( ) 함수가 필요하다. 그리고 노드가 더 이상 필요없을 시에는 메모리를 반납하는 free( ) 함수를 이용한다.

아래 프로그램은 정수 '10' 을 저장하기 위하여 포인터 변수 '*pi*' 를 정의하고 정수형 크기만큼의 메모리를 할당받은 후(malloc) '10' 을 저장하고 출력하는 기능을 한다. 그리고 마지막으로 '*pi*' 를 삭제(free) 한다.

```
int   *pi;
pi = (int *)malloc(sizeof(int));
*pi = 10;
printf("%d:",*pi);
free(pi);
```

4.3 단순 연결 리스트(Single Linked List)

단순 연결 리스트는 아래 그림과 같이 리스트를 구성하는 각 노드가 링크라는 포인터 변수에 의해 연결된다. 이때 연결 리스트의 이름은 가장 앞 노드의 이름과 같다.

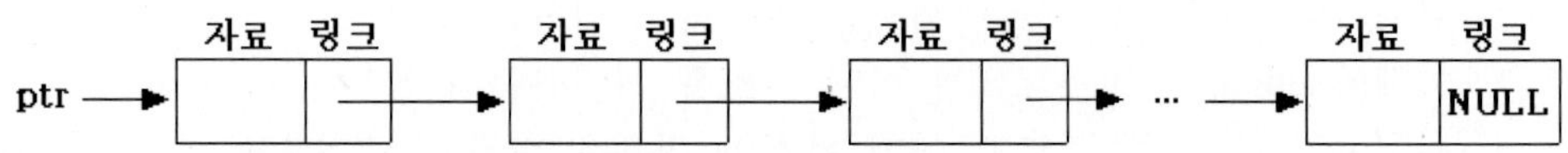

링크를 사용한 연결 리스트를 이용하면, 리스트의 중간에 새로운 노드를 삽입하거나 삭제 시에 다른 노드들의 자리 이동이 불필요하다.

(1) 노드 생성

단어들의 단순 연결 리스트를 생성하기 위하여 다음과 같이 노드의 구조를 정의한다. 노드는 아래 그림과 같이 자료를 저장하는 필드와 링크라는 포인터 변수로 구성된다. 여기서 연결 리스트의 이름은 'ptr' 이며 'NULL' 로 초기화된다.

```
typedef struct listNode *listPtr;
struct listNode {
        char data[10];
        listPtr link;
};
listPtr ptr = NULL;
```

새로운 노드를 생성하기 위하여 malloc( ) 함수를 사용한다.

```
① ptr = (listPtr)malloc(sizeof(listNode))
```

그러면 아래 그림과 같은 노드가 생성된다.

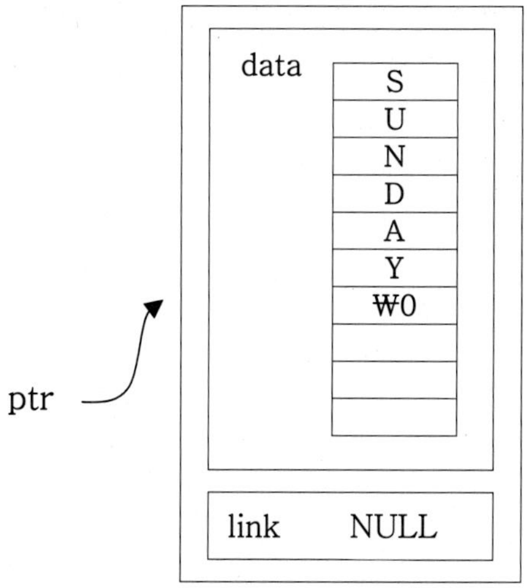

생성된 노드의 자료 필드에 "SUNDAY"를 저장하기 위하여 strcpy( ) 함수를 사용한다.

② strcpy(ptr→data, "SUNDAY");

"SUNDAY" 노드 다음에 오는 노드가 없으므로 링크 필드는 'NULL' 값을 가지게 한다.

ptr→link = NULL;

(2) 2개의 노드 연결

① 첫 번째, 두 번째 노드 생성

2개의 노드를 생성하여 연결하기 위해서는 먼저 다음과 같이 첫 번째(first), 두 번째(second) 노드를 생성한다.

```
listPtr   first, second, ptr;
first = (listPtr)malloc(sizeof(listNode));
second = (listPtr)malloc(sizeof(listNode));
```

그리고 다음과 같이 'first' 노드에는 "SUNDAY"를, 'second' 노드에는 "TUESDAY"를 자료 필드에 저장한다.

```
strcpy(first→data, "SUNDAY");
strcpy(second→data, "TUESDAY");
```

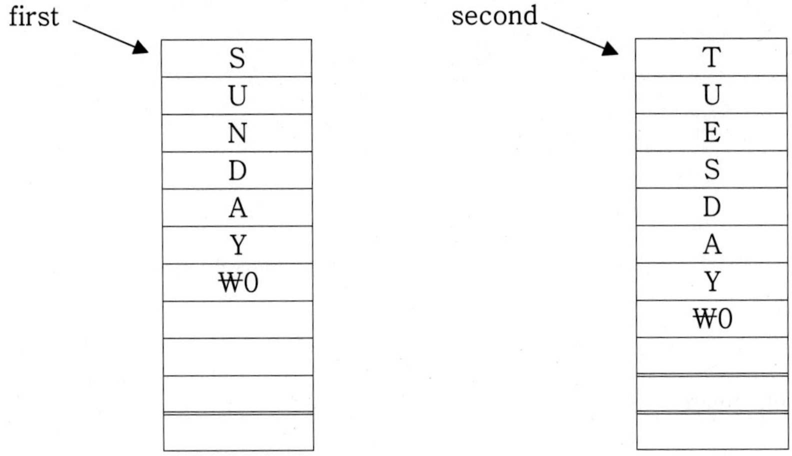

② 2개의 노드를 연결하기 위하여 'first' 노드의 링크 필드가 'second' 노드를 가리키게 하고,

first→link = second;

'second' 노드의 링크 필드에는 'NULL' 을 지정한다.

second→link = NULL;

그러면 다음 그림과 같이 연결된다.

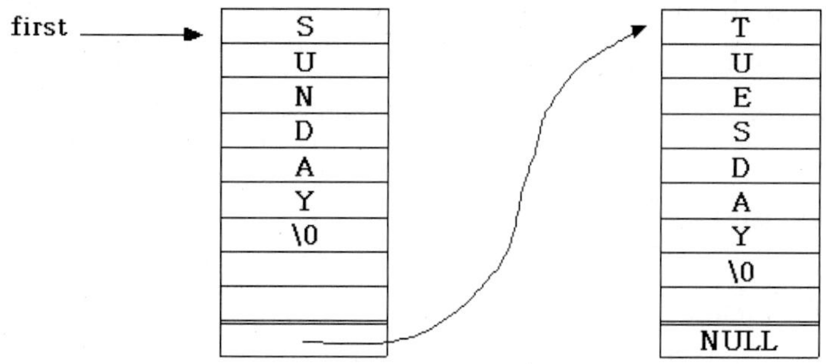

③ **ptr = first;**

이 연결 리스트이의 이름은 'first' 가 된다.

(3) 노드 삽입

다음 그림과 같이 'first' 노드와 'second' 노드 사이에 "MONDAY"가 저장된다. 'temp' 노드를 삽입하는 과정을 생각해보자.

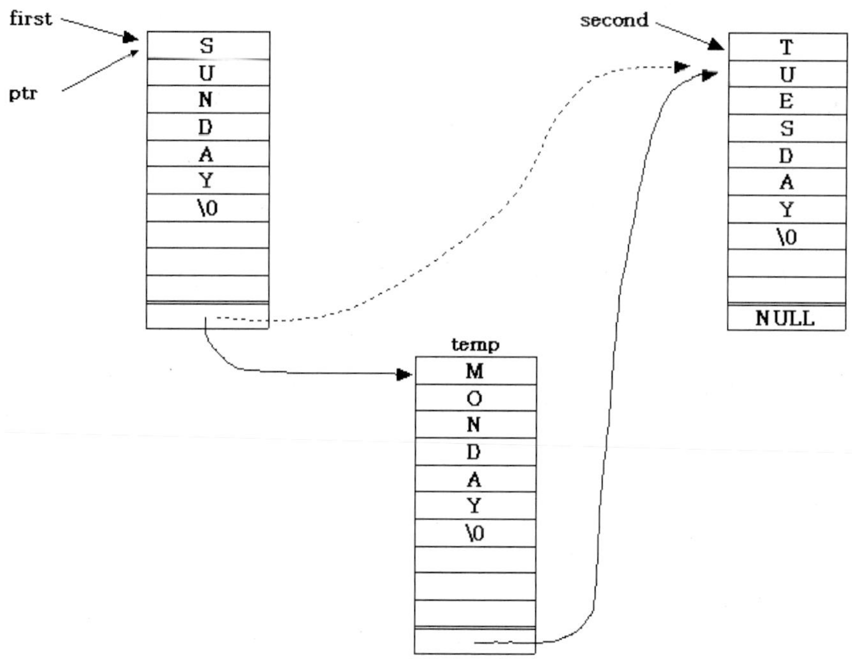

리스트의 이름이 'ptr' 일 때, 지정하는 노드 뒤에 원하는 새로운 자료를 생성하여 저장하는 함수 insert( )에 대해 설명하고자 한다. 이 함수는 리스트 'ptr' 의 이름이 'node' 인 노드 뒤에 새로운 노드 'temp' 를 삽입하는 기능을 한다.

```
void  insert(listPtr  *ptr, listPtr  node) {
        ① 새로운 노드 'temp' 를 생성한다.
        listPtr  temp;
        temp = (listPtr)malloc(sizeof(listNode));

        ② 노드 'temp' 에 "MONDAY"를 저장한다.
        strcpy(temp→data, "MONDAY");
        ③ 리스트 'ptr' 내의 이름이 'node' 인 노드 뒤에 'temp' 노드를 삽입한다
        if(*ptr){ /* NOT NULL */
                temp→link = node→link;
                node→link = temp;
        }
        ④ 만약 리스트 'ptr' 이 아직 한 개의 노드도 없는 리스트라면 'temp' 노드가 리스트
           'ptr' 의 처음 노드로 삽입된다.
        else{               /* EMPTY LIST */
                temp→link = NULL;
                ⑤ 맨 처음 노드가 된 'temp' 를 리스트의 이름인 'ptr' 이 되게 한다.
                *ptr=temp;
        }
}
```

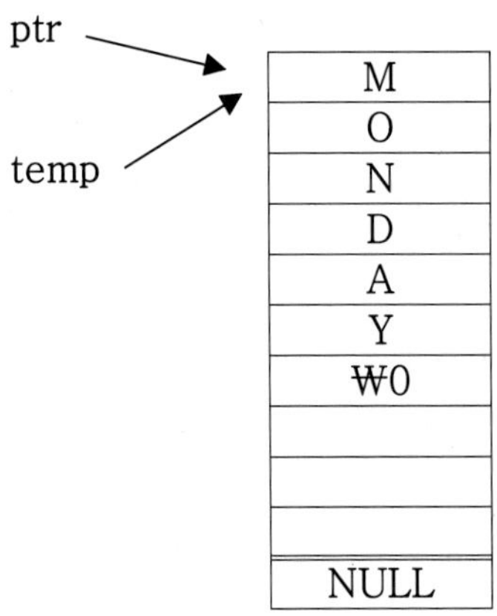

이 함수를 사용하는 방법은 다음과 같이 호출하면 된다.

```
insert(&ptr, first);
```

그러면 리스트 'ptr' 의 'first' 노드 뒤에 삽입된다.

(4) 노드 삭제

리스트 내의 노드를 삭제하기 위해서는 다음과 같은 3개의 포인터를 고려하여야 한다.

· 3개의 포인터 고려
  - 시작 포인터 : ptr
  - 삭제할 노드 포인터 : nodeDeleted
  - 삭제할 노드의 바로 앞 노드 포인터 : trail

아래 그림과 같은 리스트 'ptr' 이 있다고 가정하자. 'nodeDeleted' 는 삭제하고자 하는 노드이고, 'trail' 은 삭제한 노드의 바로 앞 노드이다.

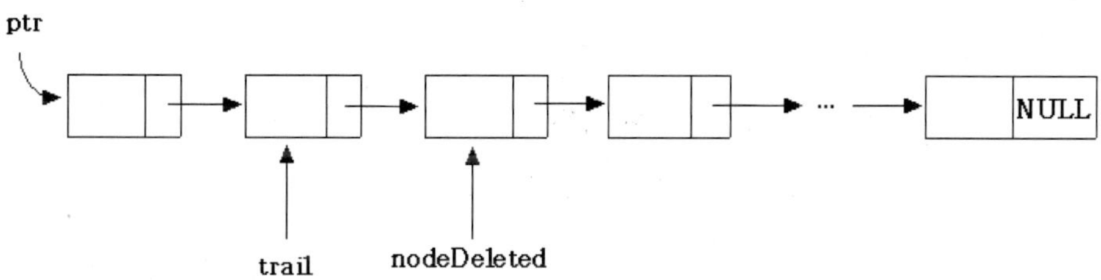

노드를 삭제하는 delete( ) 함수를 다음과 같이 작성할 수 있다.

```
void   delete(listPtr   *ptr, listPtr   trail, listPtr   nodeDeleted) {
        ① 'trail' 의 링크 필드가 'nodeDeleted' 다음 노드를 가리키게 한다.
        if(trail)
                trail→link = nodeDeleted→link;
        ② 만약 'trail' 이 없으면 리스트 첫 번째 노드를 삭제하는 것이다.
```

```
        else
                *ptr = (*ptr)→link;
        ③ 메모리를 반납한다.
        free(nodeDeleted);
}
```

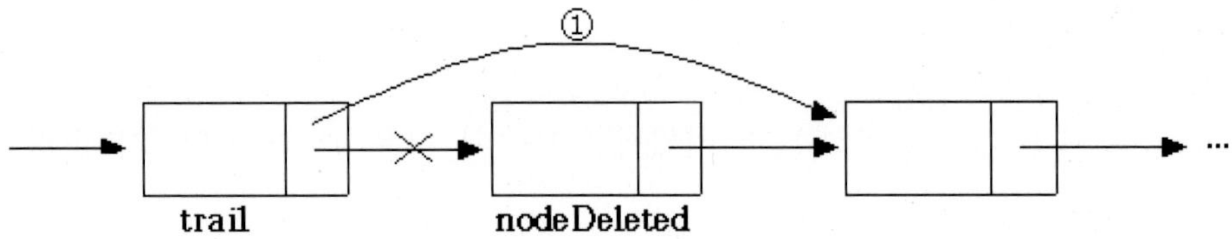

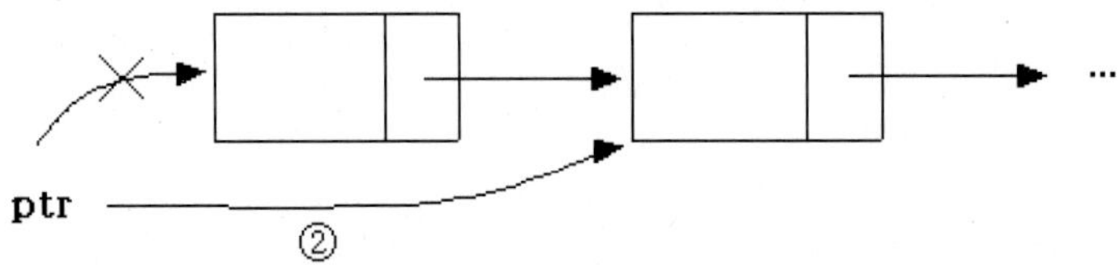

만약 nodeDeleted가 리스트의 첫 번째 노드라면 'trail' 이 'NULL' 이다. 따라서,

i) 리스트의 첫 번째 노드를 삭제하면 다음과 같이 호출한다.

```
delete(&ptr, NULL, first);
```

ii) 리스트의 가운데 노드인 'temp' 를 삭제하려면 다음과 같이 호출한다.

```
delete(&ptr, first, temp);
```

(5) 리스트 출력

리스트 'ptr' 의 모든 노드 내에 있는 자료 필드를 출력하기 위한 함수는 다음과 같다. 링크 필드를 따라가면서 다음 노드 내에 자료 필드를 출력한다.

```
void printList(listPtr ptr) {
        for( ; ptr; ptr = ptr→link)
                printf("%s", ptr→data);
}
```

(6) 리스트 삭제

리스트 'ptr' 의 모든 노드를 삭제하기 위해서는 노드 하나씩 링크 필드를 따라가면서 메모리를 반납한다.

```
void erase(listPtr *ptr) {
        listPtr temp;
        while(*ptr) {
                temp = *ptr;
                *ptr = (*ptr)→link;
                free(temp);
        }
}
```

4.4 단순 연결 리스트를 이용한 스택과 큐

4.4.1 단순 연결 리스트를 이용한 스택

아래 그림과 같은 스택을 구현하기 위하여 자료가 저장된 노드 구조(listNode)와 링크 필드를 정의한다. 스택의 연산에 필요한 스택의 맨 위(top)도 정의한다.

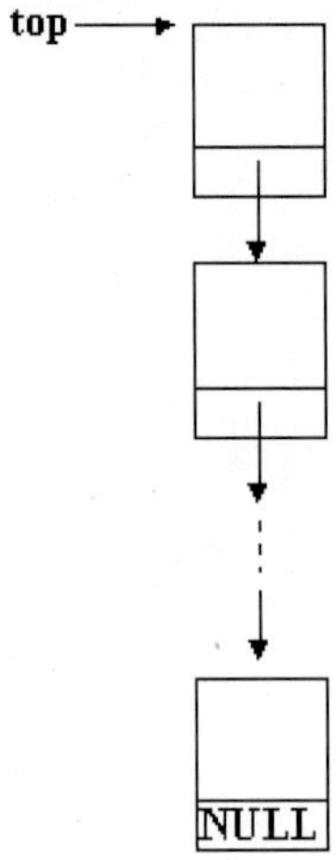

① 자료 필드의 구조를 정의한다.

```
typedef  struct  {
  char  data[10];
} listNode;
```

② 노드의 구성을 자료 필드(item)와 링크 필드(link)로 정의한다.

```
typedef  struct  stack  *stackPtr;
struct  stack {
  listNode  item;
  stackPtr  link;
};
```

③ 스택의 맨 위를 가리키는 포인터 변수인 'top' 을 정의하고 'NULL' 로 초기화한다.

```
stackPtr  top;
top  =  NULL;
```

(1) 스택에 노드 첨가(Push)

스택을 구성하는 리스트 'top' 에 새로운 노드 'temp' 를 추가하는 함수 push( )는 다음과 같다.

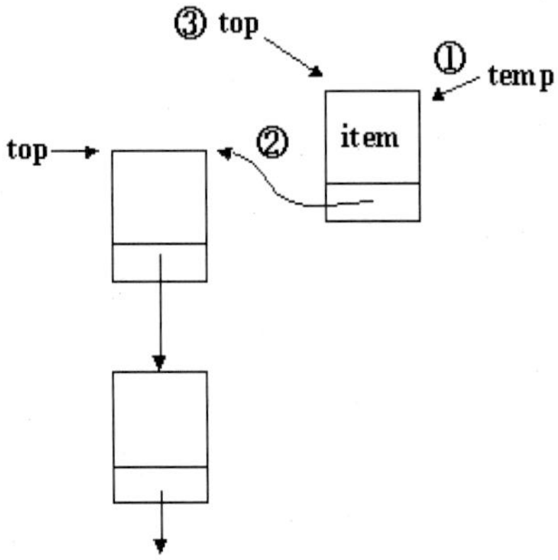


```
void  push(stackPtr  *top,  listNode  item) {
```

① 새로운 노드 'temp' 를 생성한다.

```
    stackPtr  temp = (stackPtr)malloc(sizeof(stack));
```

노드 'temp' 의 'item' 필드에 저장할 자료 'item' 을 저장한다

```
    temp→item  =  item;
```

② 'temp' 의 링크 필드가 'top' 을 가리키게 한다.

```
    temp→link  =  *top;
```

③ 새로 삽입된 'temp' 가 새로운 'top' 이 된다.

```
    *top  =  temp;
}
```

push( ) 함수를 사용하기 위해서는 다음과 같이 호출된다.

```
push(&top, item);
```

(2) 스택의 노드 삭제(Pop)

스택의 맨 위인 'top' 에 있는 노드를 삭제(반환, 검색)하는 함수 pop( )은 다음과 같다.

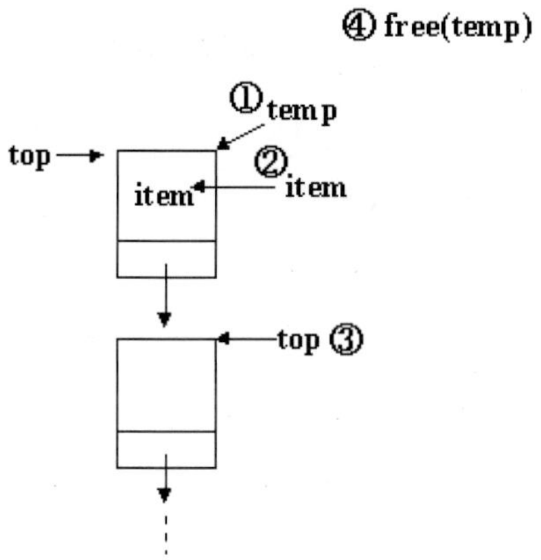

listNode pop(stackPtr *top) {

① 임시 포인터 변수 'temp' 를 정의하여 스택의 'top' 을 가리키게 한다.

stackPtr temp = *top;

'top' 이 가리키는 노드의 자료 필드 값을 저장할 변수 'item' 을 정의한다.

listNode item;

'temp' 가 가리키는 값이 없으면 스택이 비어있는 것이므로 스택이 비었다는 메시지를 출력한다.

```
if(!temp) {
   printf("stack empty");
   exit(1);
}
```

② 'temp' 가 가리키는 자료 필드 값을 변수 'item' 에 저장한다.

item = temp→item;

③ 'top' 을 'temp' 의 링크 필드가 가리키는 노드를 변경한다. 즉, 'top' 을 리스트 내 다음 노드로 변경한다.

*top = temp→link;

삭제(반환, 검색)할 노드인 'temp' 를 지운다.

free(temp);

받아 놓은 자료 필드 값 'item' 을 반환한다.

return(item);

}

pop( ) 함수를 호출하는 방법은 다음과 같다.

item = pop(&top); : 'top' 에 있는 자료 필드 값을 'item' 에 저장

4.4.2 단순 연결 리스트를 이용한 큐(Linked Queue)

단순 연결 리스트를 이용하여 큐를 구현하기 위하여 다음과 같이 노드 구조를 정의한다.

```
typedef struct queue *queuePtr;
struct queue {
        listNode item;
        queuePtr link;
};
```

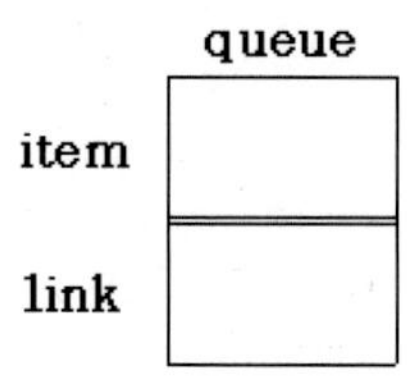

그리고, 큐의 가장 처음 노드를 가리키는 포인터 변수(front)와 가장 뒤 노드를 가리키는 포인터 변수(rear)를 정의하고, 'front' 의 초기치를 'NULL' 로 한다.

```
queuePtr front, rear;
front = NULL;
```

(1) 큐에 노드 첨가(addQ)

단순 연결 리스트로 구성된 큐에 자료 'item' 을 저장한 새로운 노드 'temp' 를 첨가하는 함수 addQ( )는 다음과 같다.

void addQ(queuePtr *front, queuePtr *rear, listNode item) {

① 큐에 삽입할 노드 'temp' 를 생성한다. 그리고 'temp' 의 자료 필드(item)에는 저장하고자 하는 자료 'item' 을 저장하고, 링크 필드(item)에는 'NULL' 을 저장한다.

```
  queuePtr temp = (queuePtr)malloc(sizeof(queue));
  temp→item = item;
```

temp→link = NULL;

② 이미 큐에 저장된 노드가 있으면 가장 뒤(rear) 노드와 링크 필드에 'temp' 를 첨가한다.

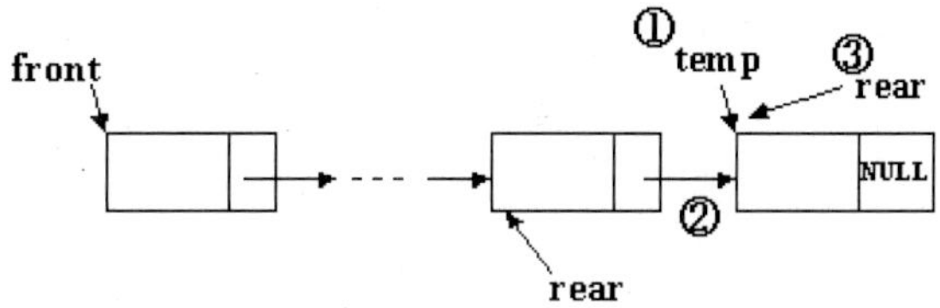

if(*front)

(*rear)→link = temp;

큐에 이미 저장된 노드가 없으면, 처음 생성된 노드이므로 'temp' 를 'front' 로 한다.

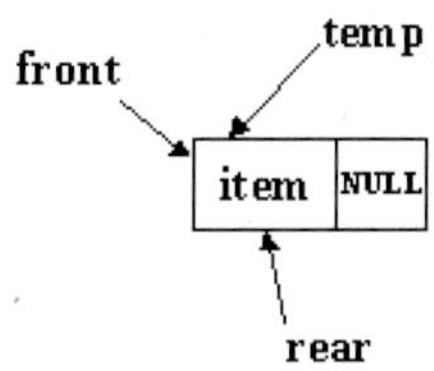

else

*front = temp;

③ 방금 첨가된 'temp' 가 새로이 'rear' 가 된다

*rear=temp;

}

addQ( ) 함수를 호출하여 사용하는 방법은 다음과 같다.

addQ(&front, &rear, item);

(2) 큐에 있는 노드 삭제(deleteQ)

단순 연결 리스트로 구성된 큐로부터 가장 앞에 있는 노드(front)를 삭제하는 함수 deleteQ( )는 다음과 같다.

listNode deleteQ(queuePtr *front) {

① 큐의 가장 앞(front)에 있는 노드를 임시 변수 'temp' 가 가리키게 한다.

queuePtr temp = *front;

삭제할 노드에 저장된 자료 필드에 저장된 값을 받아둘 'item' 을 정의한다.

listNode item;

만약, 가장 앞을 가리키는 'temp' 가 없다면 큐가 비었다는 메시지를 출력하고 종료한다.

```
if(!temp) {
        printf("Queue is empty");
        exit(1);
}
```

② 'temp' 노드의 자료 필드에 저장된 값을 'item' 에 저장한다.

item = temp→item;

③ 이제는 큐의 가장 앞 노드(front)를 삭제시킬 노드(temp)의 다음 노드(temp→link)로 변경한다.

***front = temp→link;**

마지막으로 노드 'temp' 를 삭제하고 받아둔 자료 'item' 을 반환한다.

free(temp);

return item;

}

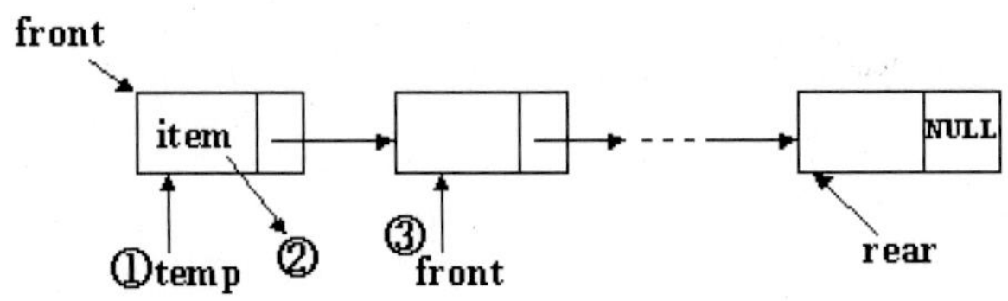

deleteQ( ) 함수를 호출하는 방법은 다음과 같다.

```
item = deleteQ(&front);
```

4.5 단순 연결 리스트 사용 예 : 다항식

다항식은 다음과 같이 여러 개의 항으로 구성된 수식으로 표현된다.

$$f(x) = a_{n-1}x^{n-1} + a_{n-2}x^{n-2} + \cdots + a_0,\quad a_i\text{는 계수},\quad i = 0, 1, 2, \cdots, n-1$$

이 다항식을 컴퓨터 내부에 표현하기 위하여 단순 연결 리스트를 이용하고자 한다. 다항식을 지수의 내림차순으로 정리하면, 각 항은 <지수, 계수> 쌍으로 표현된다.

4.5.1 배열을 이용한 다항식 표현

위의 다항식은 아래 그림과 같이 지수(exponent)와 계수(coefficient)로 구성된 일차원 배열로 저장할 수 있음을 이미 설명한바 있다.

	exponent	coefficient
a[0]	n-1	a_{n-1}
a[1]	n-2	a_{n-2}
⋮	⋮	⋮
a[n-1]	0	a_0

4.5.2 단순 연결 리스트를 이용한 다항식 표현

다항식의 각 항은 아래의 그림과 같이 <계수, 지수, 링크>의 쌍으로 표현할 수 있다. 링크는 다음 항을 가리키는데 이용된다.

coefficient	exponent	link
계수	지수	링크

<계수, 지수, 링크> 구조는 다음과 같이 표현된다.

```
typedef  struct  polyNode  *polyPtr;
struct  polyNode {
        int  coefficient;     /* 계수 */
        int  exponent;        /* 지수 */
        polyPtr  link;        /* 링크 */
};
```

다항식 a와 b를 가리키는 포인터 변수는 다음과 같이 선언된다.

```
polyPtr  a, b;
```

예를 들어 다음 두 개의 다항식 a와 b를 덧셈하는 프로그램을 살펴보자. 이 두 다항식은 아래 그림과 같은 단순 연결 리스트로 표현된다고 가정하자.

$$a = 4x^{10} + 3x^4 + 7$$
$$b = 7x^{10} - 2x^6 + 3$$

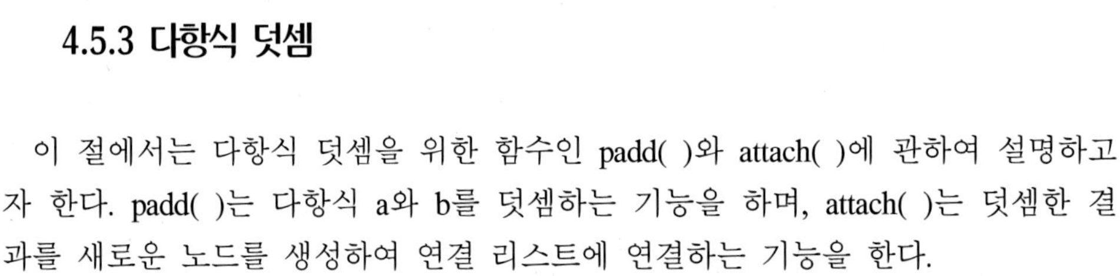

4.5.3 다항식 덧셈

이 절에서는 다항식 덧셈을 위한 함수인 padd( )와 attach( )에 관하여 설명하고자 한다. padd( )는 다항식 a와 b를 덧셈하는 기능을 하며, attach( )는 덧셈한 결과를 새로운 노드를 생성하여 연결 리스트에 연결하는 기능을 한다.

```
#define  COMPARE(x, y)  (((x) < (y)) ? -1 : ((x) == (y) ? 0 : 1
polyPtr padd(polyPtr  a, polyPtr  b)
{
      /* 다항식 a와 b를 덧셈하는 프로그램 */
      polyPtr  front, rear, temp;
      int  sum;
      rear = (polyPtr)malloc(sizeof(polyNode));
            if(IS_FULL(rear)) {     /* 큐가 꽉 찼는지를 검사 */
            fprintf(stderr, "The memory is full\n");
            exit(1);
      }
      front = rear;
      while(a && b)
            switch(COMPARE(a→exponent, b→exponent)) {
                  case -1 :   /* a→exponent < b→exponent */
                        attach(b→coefficient, b→exponent, &rear);
                        b = b→link;
                        break;
                  case 0 :   /* a→exponent == b→exponent */
                        sum = a→coefficient + b→coefficient;
                        if(sum) attach(sum, a→exponent, &rear);
                        a = a→link; b→link; break;
                  case 1 :   /* a→exponent > b→exponent */
                        attach(a→coefficient, a→exponent, &rear);
                        a = a→link;
            }
      /* 다항식 a와 다항식 b의 나머지를 복사 */
      for( ; a; a = a→link) attach(a→coefficient, a→exponent, &rear);
      for( ; b; b = b→link) attach(b→coefficient, b→exponent, &rear);
      rear→link = NULL;
      /* 필요 없는 초기 노드를 삭제 */
      temp = front; front = front→link; free(temp);
      return  front;
}
```

```
void  attach(float  coefficient, int  exponent, polyPtr  *ptr)
{
/* 새로운 노드를 만들어서 ptr이 가리키는 위치에 저장 */
        polyPtr  temp;
        temp = (polyPtr)malloc(sizeof(polyNode));
        if(IS_FULL(temp)) {
                fprintf(stderr, "The memory is full\n");
                exit(1);
        }
        temp→coefficient = coefficient;
        temp→exponent = exponent;
        (*ptr)→link = temp;
        *ptr = temp;
}
```

아래 그림과 같은 다항식 a와 b가 표현된 방법과 수행결과를 나타낸다.

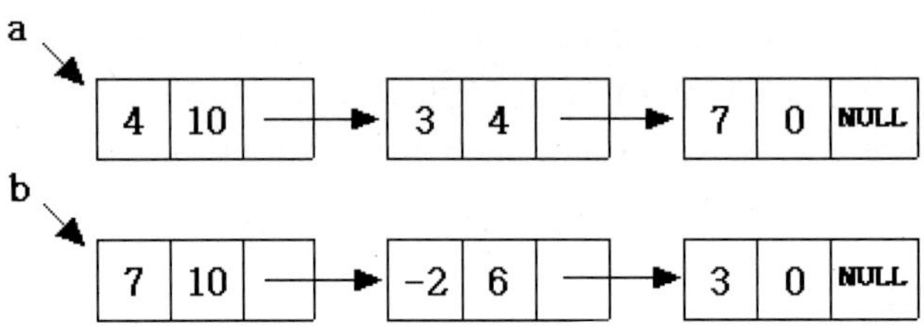

$a = 4x^{10} + 3x^{4} + 7$

$b = 7x^{10} - 2x^{6} + 3$

프로그램 수행 결과 : front → $a + b = 11x^{10} - 2x^{6} + 3x^{4} + 10$

다음은 padd( ) 함수의 수행 상황을 설명한다.

① 'rear' 를 생성한다. 덧셈 결과는 'rear' 에 연결된다.
② 'front' 가 'rear' 를 가리키게 한다.

①

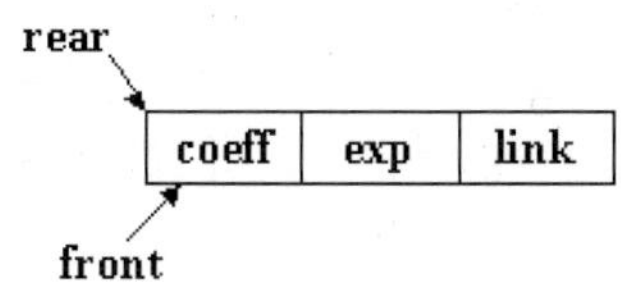

②

다음은 다항식 a와 b의 최고차 항을 검사한 후, 덧셈하는 과정을 나타낸다.

```
③ while(a && b) {
      다항식 a와 b의 지수 항을 비교한 후
      switch(COMPARE(a→exponent, b→exponent) {
            다항식 b항의 지수가 더 크면, b항을 저장한 후에 b의 다음 항을 새로운 b항
            으로 한다.
            case -1 :/* a→exponent < b→exponent */
            1) b항을 저장  2) b = b→link
            다항식 a와 b의 지수가 같으면 a항의 계수와 b항의 계수를 합한 수를 계수로
            하는 새로운 항을 만든다.
            case 0 : /* a→exponent == b→exponent */
            1) a + b(계수의 합)  2) a = a→link;  b = b→link;
            나항식 a항의 지수가 더 크면, a항을 저장한 후에 a의 다음 항을 새로운 a항
            으로 한다.
            case 1 : /* a→cxponent > b→exponent */
            1) a항을 저장  2) a = a→link
      }
  }
```

위의 알고리즘을 앞에서 예로 보인 다항식 a와 b를 덧셈하는 과정을 살펴보자. a와 b의 첫 번째 최고차항 지수가 '10' 으로 같으므로 다음과 같이 실행된다.

i) case 0 (a지수 == b지수)

a와 b의 최고차항 계수를 더한다.

sum = 4 + 7 = 11

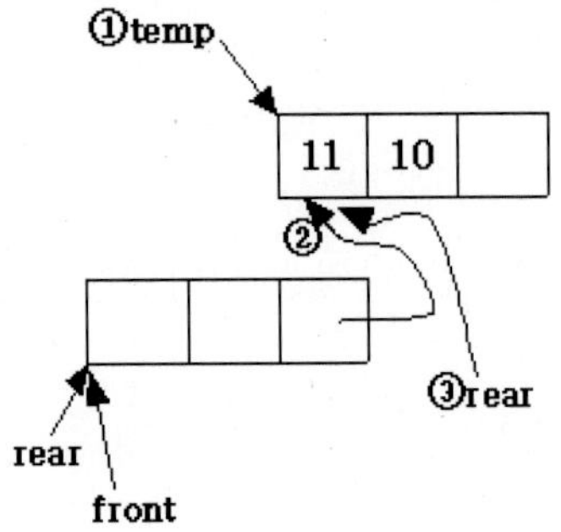

더해진 항을 생성하기 위하여 함수 attach( )를 호출하여 새로운 항을 생성한다.

attach(coefficient, exponent, *ptr)

11 10 &rear

그리고 나서, 다항식 a와 b는 각각 다음 항으로 이동한다.

a = a→link; b = b→link;

이번에는 b의 지수항 '6' 이 a의 지수항 '4' 보다 크므로 b항을 저장하면 된다.

ii) case -1 (a지수 < b지수)

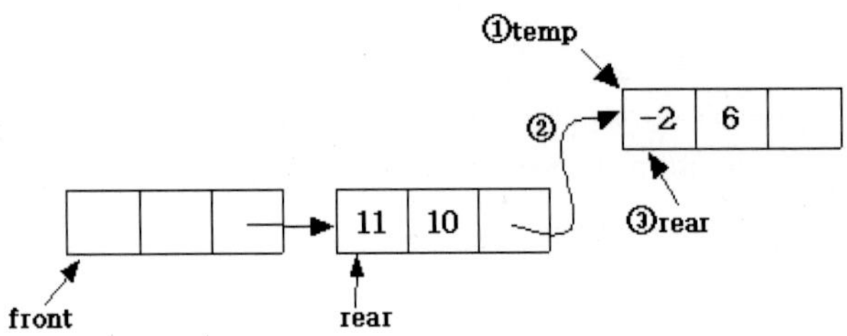

다항식 b의 $-2\,x^6$을 저장하기 위하여 attach( ) 함수를 호출한다.

coefficient exponent *ptr

attach(-2 , 6 , &rear)

그리고 다항식 b는 다음 항으로 이동한다.

b = b→link;

이번에는 다항식 a의 지수항 '4' 가 b의 지수항 '0' 보다 크므로 a항을 저장하면 된다.

iii) case 1 (a지수 > b지수)

다항식 a의 $3x^4$를 저장하기 위하여 attach( ) 함수를 호출한다.

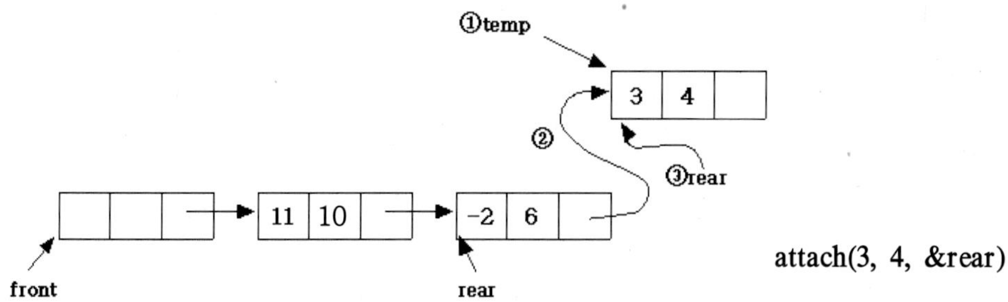

그리고 다항식 a는 다음 항으로 이동한다.

a = a→link;

이번에는 다항식 a와 b의 지수항이 모두 '0' 이므로 다음과 같이 실행된다.

iv) case 0 (a지수 == b지수)

먼저 다항식 a와 b의 계수 항을 더한다.

sum = 7 + 3 = 10

그리고 나서, a와 b가 더해진 항을 생성하기 위하여 함수 attach( )를 호출한다.

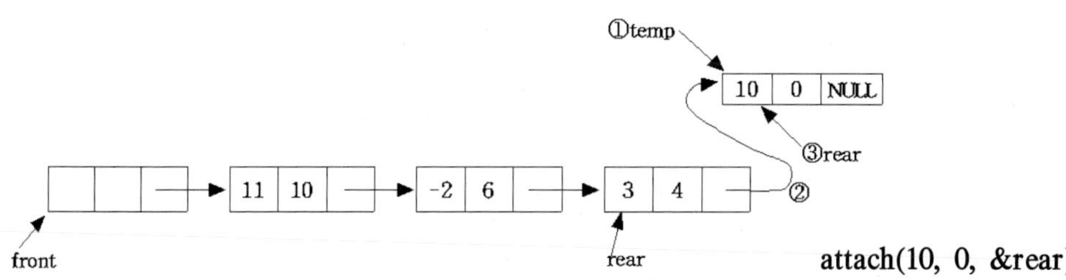

그리고 a와 b를 다음 항으로 이동시킨다.

a = a→link; b = b→link;

다항식 a 또는 b의 항 중 어느 한쪽이라도 먼저 끝나면(NULL), 'while' 반복문을 벗어난다. 그리고 다항식 a 또는 b의 나머지 항들을 더해진 항들 뒤에 그대로 연결하기 위하여 함수 attach( )를 호출한다.

④ /* 다항식 a or 다항식 b의 나머지를 복사 */

```
for( ; a; a = a→link) attach(            )
for( ; b; b = b→link) attach(            )
```

다항식 a와 b가 더해진 항들은 가리키는 'rear' 의 링크필드에는 'NULL' 을 저장하여 리스트의 마지막임을 나타낸다.

⑤ rear→link = NULL;

그리고 편의상 만들어둔 맨 처음 항을 삭제하고, 실제로 덧셈된 항들이 저장된 첫 번째 노드를 'front' 가 가리키게 한다.

⑥ 삭제

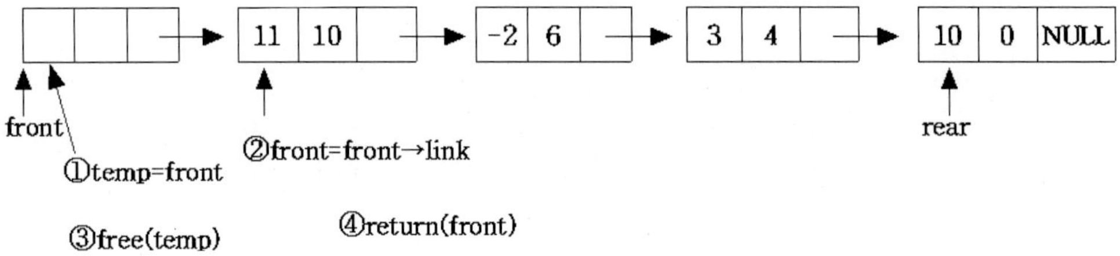

4.5.4 원형 리스트(Circular Lists)

원형 리스트는 아래 그림과 같이 리스트의 마지막 노드가 처음 노드를 가리킨다.

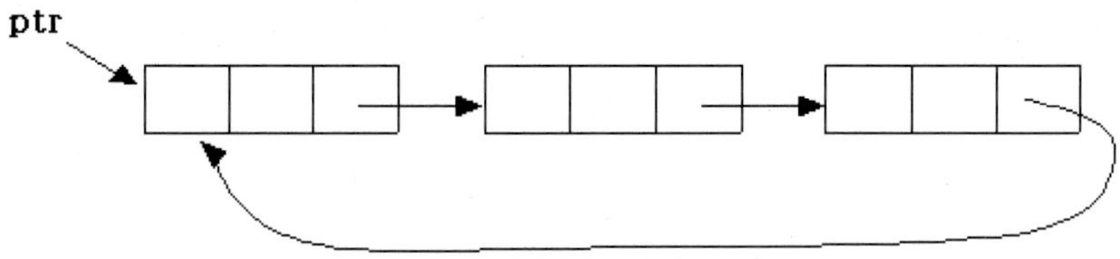

다음은 원형 리스트 'ptr' 를 더 이상 사용하지 않고, 리스트 'avail' 에 연결하여 반납하는 함수 circleErase( )에 대하여 설명한다.

```
void  circleErase(polyPtr *ptr) {
        polyPtr  temp;
        if(*ptr) {
                ① 'ptr' 의 링크 필드가 가리키는 노드를 'temp' 가 가리킨다
                temp = (*ptr)→link;
                ② 'ptr' 의 링크 필드는 이제 'avail' 을 가리킨다.
                (*ptr)→link = avail;
                ③ 'avail' 이 'temp' 를 가리키게 한다.
                avail = temp;
                ④ 이제 'ptr' 은 'NULL' 이 된다.
                *ptr = NULL;
        }
}
```

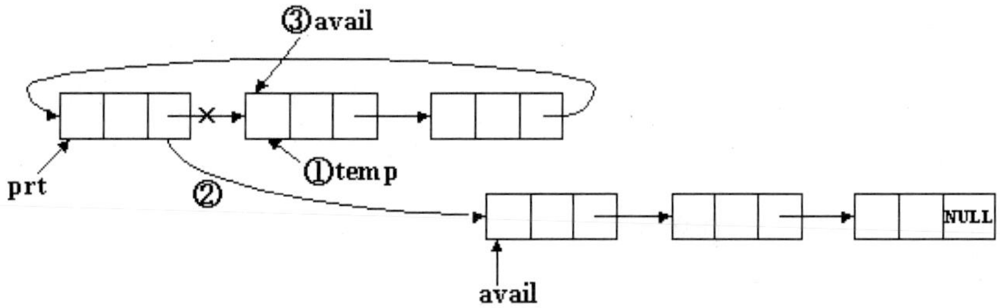

다음은 다항식을 원형 리스트로 나타낸 것이다. 원형리스트의 처음 노드(head Node)는 특별한 값(여기서는 '-1')을 저장하여 구별되도록 한다.

$$a = 4x^{10} + 3x^4 + 7$$

$$b = 7x^{10} - 2x^6 + 2x^2 + 3$$

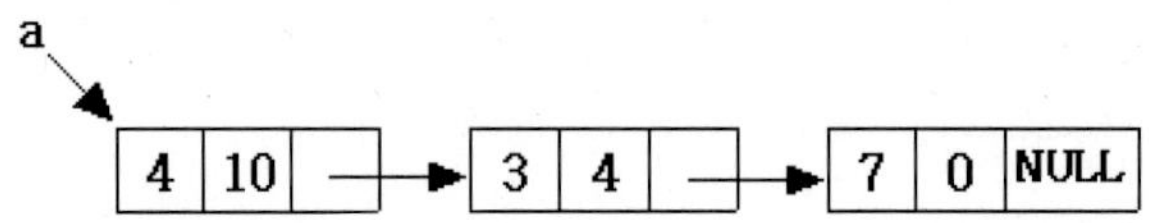

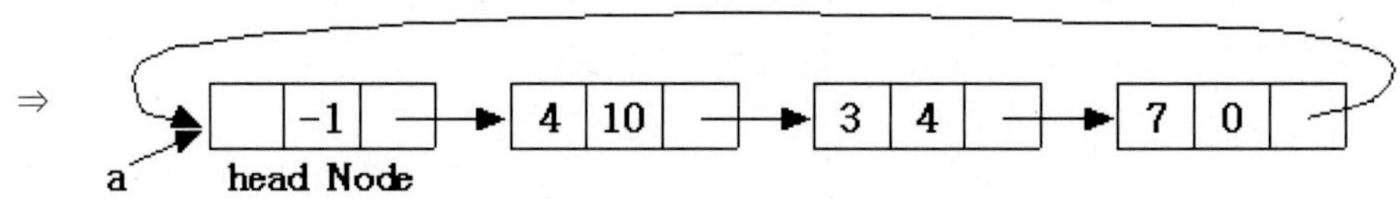

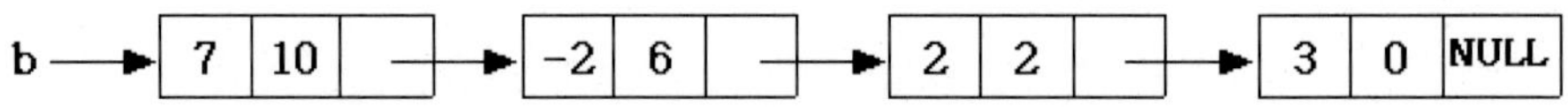

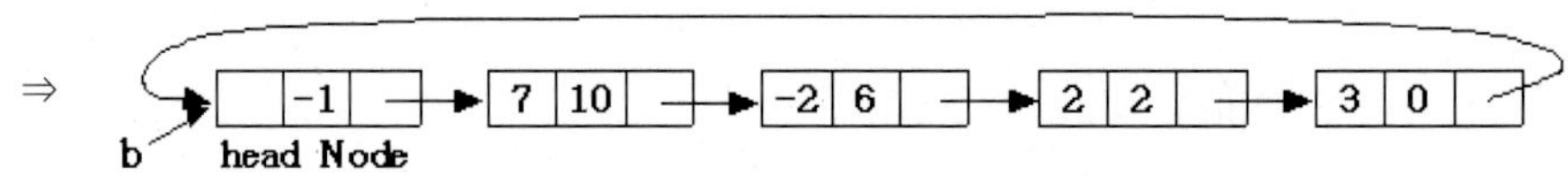

다음은 원형 리스트의 처음 노드만 존재할 때의 모습이며, 자신의 링크 필드는 자신을 가리키고 있다.

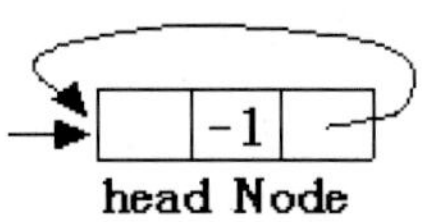

다음은 원형 리스트에 저장된 다항식 a와 b를 덧셈하여 d에 저장하는 알고리즘을 설명한다. d = a + b를 실행하기 위한 단계를 다음과 같다.

① /* a와 b head node를 건너뜀 */

```
a = a→link;   b = b→link;
```

② d를 생성한다.

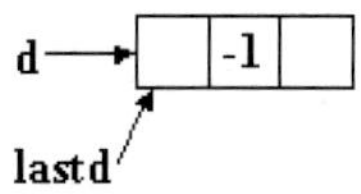

③ a와 b를 더하여, 더해진 항을 저장하면서 리스트를 만든다.

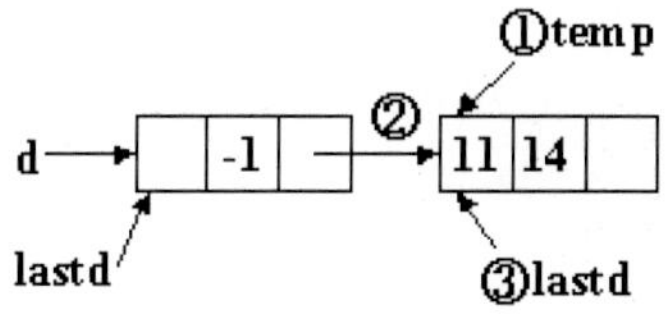

④ lastd→link = d; /* 마지막 노드가 처음 노드를 가리키게 하여 원형 리스트를 만든다. */

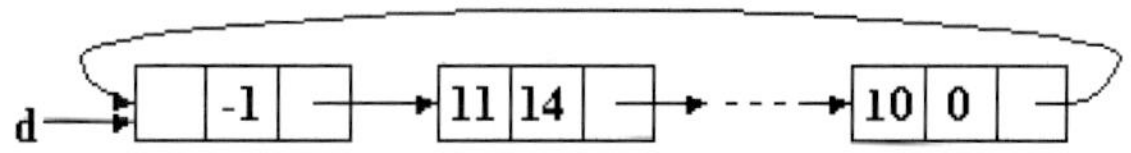

⑤ return(d);

4.6 주요 리스트 연산

(1) List를 역순으로 만든다

다음 입력과 같은 리스트가 입력되었을 때, 출력과 같은 역순의 리스트가 만들어진다.

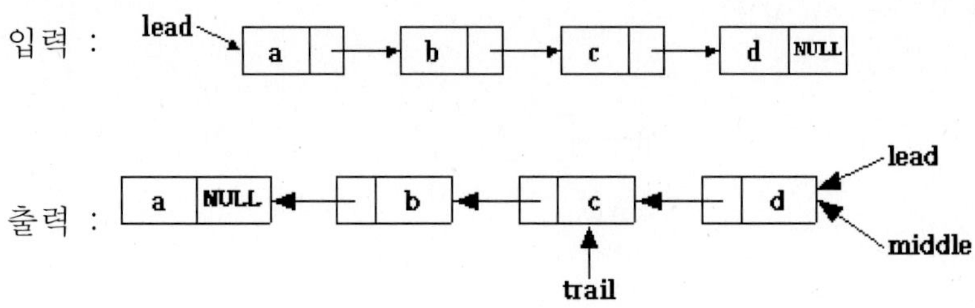

역순으로 만들기 위해 포인터 변수 middle과 trail을 정의한다.

```
listPtr  invert(listPtr  lead) {
        listPtr  middle, trail;
        middle = NULL;
        'lead' 가 가리키는 노드가 존재하는 동안에
        while(lead) {
                'trail' 은 'middle' 이 가리키는 노드를 가리키게 한다.
                trail = middle;
                'middle' 은 'lead' 가 가리키는 노드를 가리키게 한다.
                middle=lead;
                'lead' 는 'lead' 의 링크 필드가 가리키던 노드를 가리키게 한다.
                lead=lead→link;
                'middle' 의 링크 필드는 'trail' 을 가리키게 한다.
                middle→link=trail;
        }
        'middle' 이 역순으로 만들어진 리스트의 첫 번째 노드를 가리킨다.
        return middle;
}
```

(2) 두 리스트 연결하기

두 개의 리스트 'ptr1' 와 'ptr2' 를 연결한다. 'ptr1' 뒤에 'ptr2' 를 연결한다.

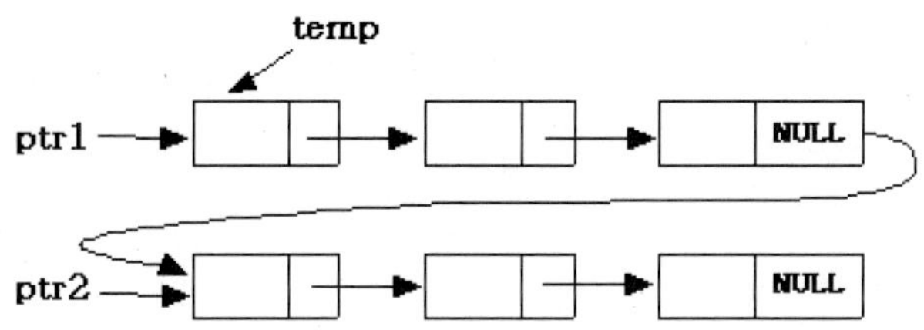


```
listPtr  concatenate(listPtr  ptr1, listPtr  ptr2) {
        listPtr  temp;
         'ptr1' 이 없으면
        if(!(ptr1))            /* !(ptr1) */
                   'ptr2' 를 반환한다.
                  return ptr2;
        else {
                   'ptr1' 이 존재하고, 'ptr2' 도 존재한다면
                  if(ptr2) {
                             'ptr1' 의 마지막 노드를 찾아서
                            for(temp = ptr1; temp→link != NULL;  temp = temp
→link);
                             'ptr1' 의 마지막 노드의 링크 필드가 'ptr2' 를 가리키게 한다.
                            temp→link = ptr2;
                  }
                  두 개의 리스트가 연결된 뒤 'ptr1' 을 반환한다.
                  return ptr1;
        }
}
```

(3) 원형 리스트 길이 계산

```
int  length(listPtr  ptr) {
        listPtr  temp;
        길이를 저장한 변수 'count' 를 정의한다.
        int  count = 0;
```

```
        if(ptr) {
                temp = ptr;
                리스트 'ptr' 의 노드 길이를 계산한다.
                do {
                        count++;
                        temp = temp→link;
                }while(temp != ptr);
        }
        길이를 반환한다.
        return  count;
}
```

4.7 이중 연결 리스트(Doubly Linked List)

단순 연결 리스트는 노드를 삭제할 시에 연결시켜주기 위하여 이전 노드를 알아야 하지만 알 수 있는 방법이 없다.

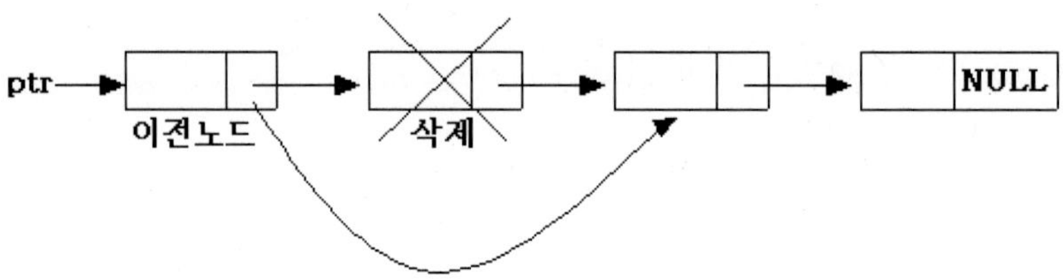

따라서, 이중 연결 리스트를 이용하면, 특정 노드의 앞과 뒤에 존재하는 노드를 알 수 있게 된다. 아래 그림과 같이 이중 연결 리스트는 노드의 앞뒤를 모두 연결하고 있다.

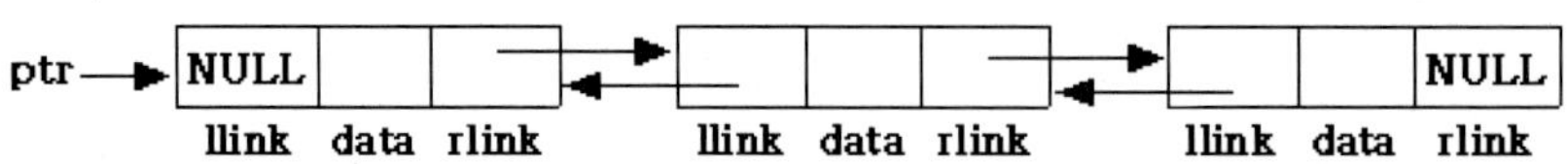

이중 연결 리스트의 각 노드는 적어도 세 개의 필드를 포함하고 있다. 왼쪽 링

크 필드(llink), 자료 필드(data), 오른쪽 링크 필드(rlink) 등을 포함해야 한다. 이를 위하여 다음과 같이 선언한다.

```
typedef struct node *nodePtr;
struct node {
      nodePtr llink;
      int data;
      nodePtr rlink;
}
```

이중 연결 리스트를 이용하여 다음과 같이 원형 리스트를 만들 수 있다.

① 먼저 헤드 노드(head node)를 만든다.

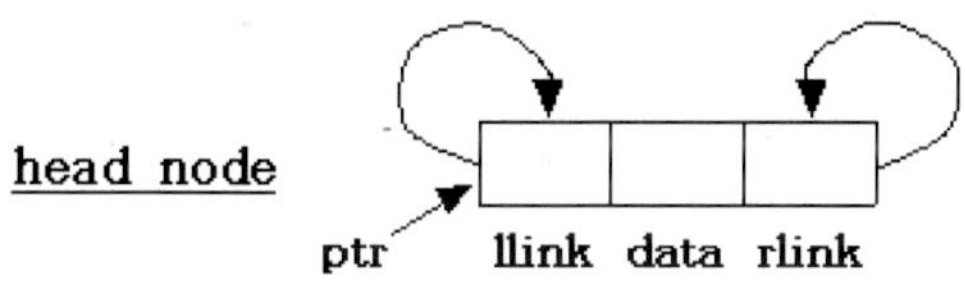

② 새로운 자료가 생길 때마다 노드를 생성하여 다음과 같이 연결한다.

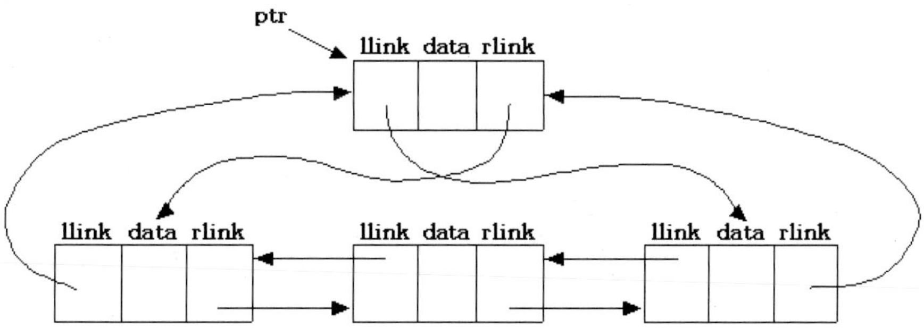

이때 ptr, ptr→llink→rlink, ptr→rlink→llink는 모두 같은 노드를 가리킨다.
이중 연결 원형 리스트에 새로운 노드를 삽입하거나, 노드를 삭제하는 방법은 다음과 같다.

(1) 새로운 노드 삽입

새로운 노드(newNode)를 node 오른쪽에 삽입하는 알고리즘은 다음과 같다.

```
void  dinsert(nodePtr  node, nodePtr  newNode) {
      /* node 오른쪽에 삽입 */
      'newNode' 의 왼쪽 링크 필드(llink)가 'node' 를 가리킨다.
      ①newNode→llink = node;
      'newNode' 의 오른쪽 링크 필드(rlink)가 'node' 의 오른쪽 링크 필드(rlink)가 가리키는
       노드를 가리킨다.
      ②newNode→rlink = node→rlink;
      'node' 의 오른쪽 링크 필드가 가리키는 노드의 왼쪽 링크 필드(llink)가 'newNode' 를
       가리킨다.
      ③node→rlink→llink = newNode;
      'newNode' 의 오른쪽 링크 필드(rlink)가 'newNode' 를 가리킨다.
      ④node→rlink = newNode;
}
```

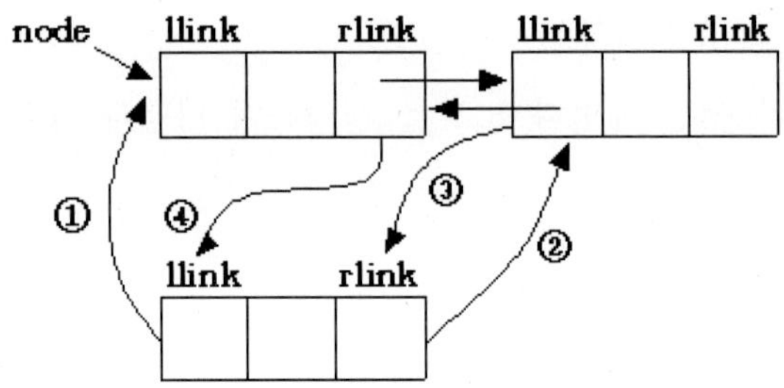

(2) 노드 삭제

```
void  ddelete(nodePtr  headNode, nodePtr  deleted) {
      삭제 하고자 하는 노드가 head node이면 허용하지 않는다.
      if(headNode == deleted)
              printf("not Permitted");
      else {
```

그렇지 않으면 'deleted' 의 왼쪽 링크 필드(llink)와 오른쪽 링크 필드(rlink)를 다음과 같이 연결한다.

①deleted→llink→rlink = deleted→rlink;

②deleted→rlink→llink = deleted→llink;

free(deleted);

}

}

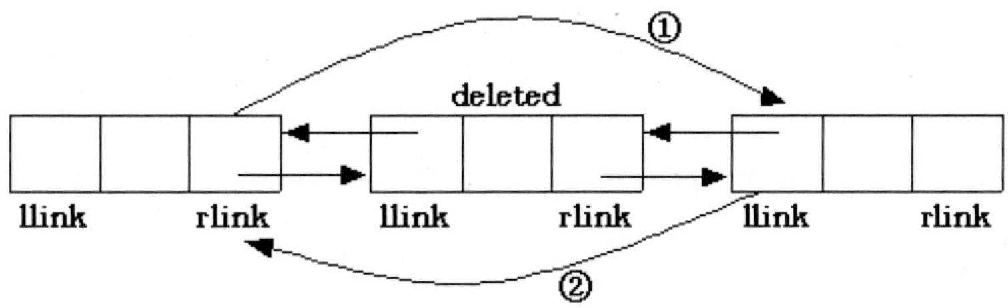

연습문제

1. 배열과 연결 리스트의 장단점을 설명하시오.

2. 이중 연결 리스트의 장점에 대해 설명하시오.

3. 리스트의 노드 순서를 역순으로 바꾸는 함수를 구현하시오.

4. 원형 리스트에 노드를 삽입하는 함수를 구하시오.

5장 트리(Tree)

5.1 트리의 정의 및 용어

정의) 트리(tree) : 1개 이상의 노드로 이루어진 유한 집합으로서

1) 노드 중에는 루트(root)라고 하는 노드가 하나 있고
2) 나머지 노드들은 $n \geq 0$개의 분리집합 $T_1, T_2, \cdots, T_n$으로 분리될 수 있다.

   여기서 $T_1, T_2, \cdots, T_n$은 각각 하나의 트리이며, 루트의 서브트리(subtree)이다.

(서브트리는 다시 트리로 구성됨)

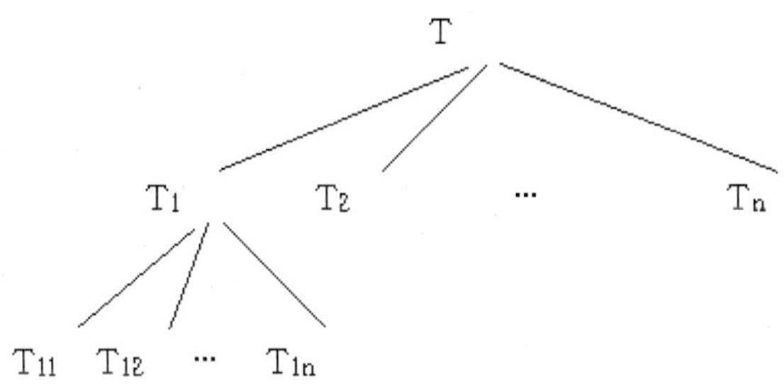

아래 <그림 5.1>을 예로 하여 트리에 대한 기본적인 용어를 설명한다.

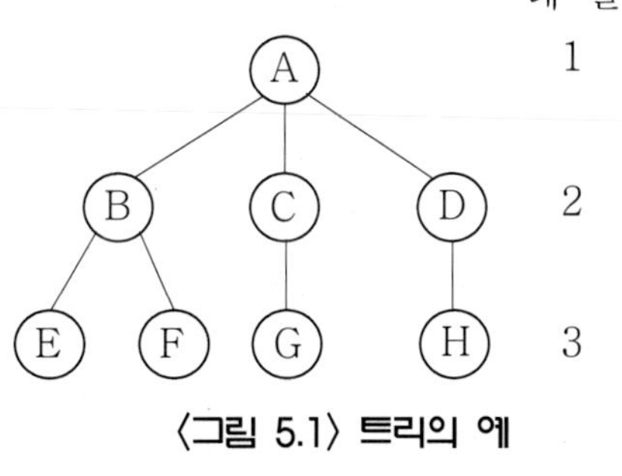

〈그림 5.1〉 트리의 예

이 트리의 루트는 A이며, 루트의 레벨은 1이다. 그리고 이 트리의 깊이(depth) 또는 높이(hight)는 3이다.

다음은 트리에 관한 기본적인 용어이다. ○는 노드를 나타내고 --- 는 에지를 나타낸다.

· 트리의 차수(degree) : 서브트리의 개수
· 부모 노드(parent node) : 상위 레벨에 있으면서 에지로 연결된 노드
· 자식 노트(child node) : 하위 레벨에 있으면서 에지로 연결된 노드
· 터미널 노드(terminal node) 또는 리잎(leaf) : 자식 노드가 없는 노드
· 비 터미널 노드(non-terminal node) : 터미널 노드가 아닌 노드
· 형제/자매 노드(siblings) : 같은 레벨에 있으면서 같은 부모를 가진 노드
· 선조(ancestors) : 루트로부터 그 노드까지의 연결된 노드
· 후손(descendent) : 그 노드의 서브트리내의 모든 노드
· 트리의 높이(height)/길이(depth) : 트리에 속한 노드의 최대 레벨

5.2 트리의 표현

아래 그림과 같은 트리는 중첩된 괄호로 표현할 수 있다.

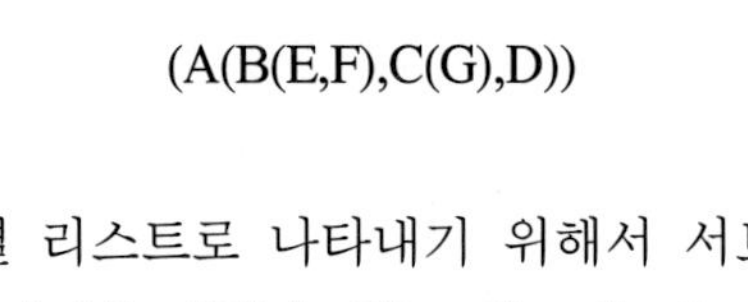

(A(B(E,F),C(G),D))

일반적으로 트리를 연결 리스트로 나타내기 위해서 서브트리 개수만큼의 링크 필드가 필요하다. 그러나 이러한 방법은 링크 필드의 메모리를 낭비한다.

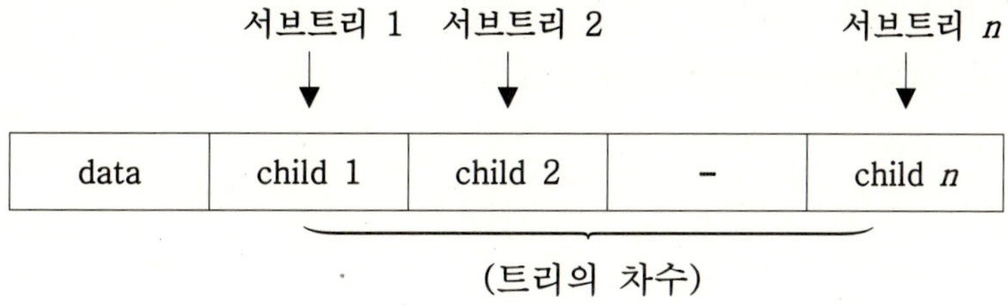

따라서, 트리를 차수가 2인 트리로 표현하면 링크 필드를 절약할 수 있다.
아래 그림은 차수가 2인 이진 트리(binary tree)로 변환한 것이다.

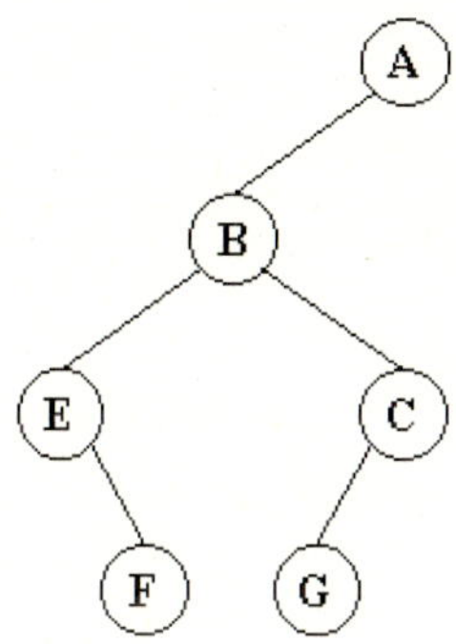

트리를 이진 트리로 변환하는 방법은 루트로부터 시작하여 왼쪽 링크 필드에는 자식 노드를, 오른쪽 링크 필드에는 형제/자매 노드를 연결한다.
이때 이진 트리의 리스트 표현은 다음과 같다.

data	
left child	right sibling

5.3 이진 트리(Binary Tree)

정의) 이진 트리 : 공집합이거나 루트와 왼쪽 서브트리, 오른쪽 서브트리라고 부르는 두 개의 분리된 이진 트리로 구성된 노드의 유한집합 다음 그림과 같이 터미널 노드들이 인접한 두 레벨에 존재하는 이진트리를 완전 이진 트리(Complete Binary Tree)라고 한다.

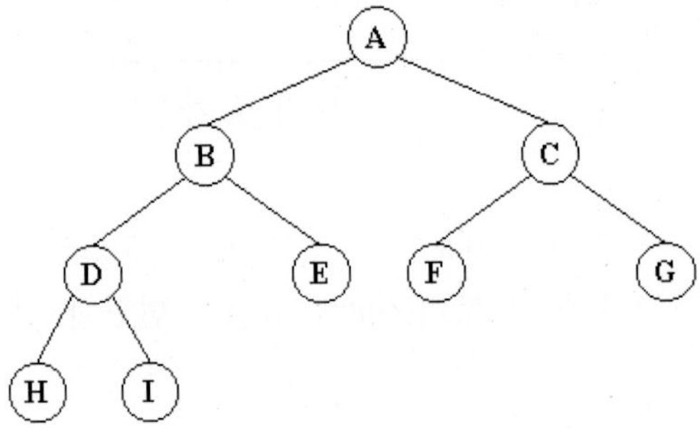

그리고 아래 그림과 같이 한쪽으로 이어진 이진 트리를 경사 트리(Skewed Tree)라고 한다.

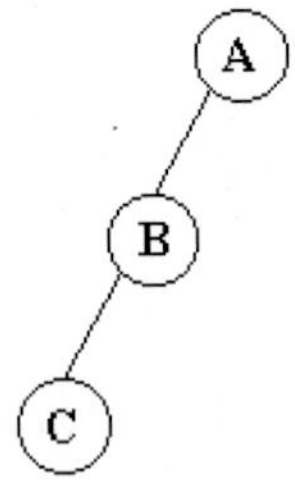

(1) 이진 트리의 특성

다음은 이진 트리의 특성을 정리한 것이다.

① 이진 트리의 레벨 i에서의 최대 노드 수는?

$$2^{i-1} \quad (i \geq 1)$$

깊이가 k인 이진 트리가 가질 수 있는 최대 노드 수는?

$$\sum_{i=1}^{k} 2^{i-1} = 2^{k} - 1$$

② 모든 이진 트리 T에 대해서

$n_0 = n_2 + 1$ (n_0 : 터미널 노드 수, n_2 : 차수가 2인 노드 수)

③ 깊이가 k인 완전 이진 트리(full Binary Tree)의 노두 수는?

$2^{k} - 1$ ($k \geq 0$)

(2) 이진 트리의 표현

다음과 같은 이진 트리는 배열 또는 연결 리스트를 이용하여 표현할 수 있다. 이진 트리의 각 노드들의 위치는 아래와 같은 번호로 매길 수 있다

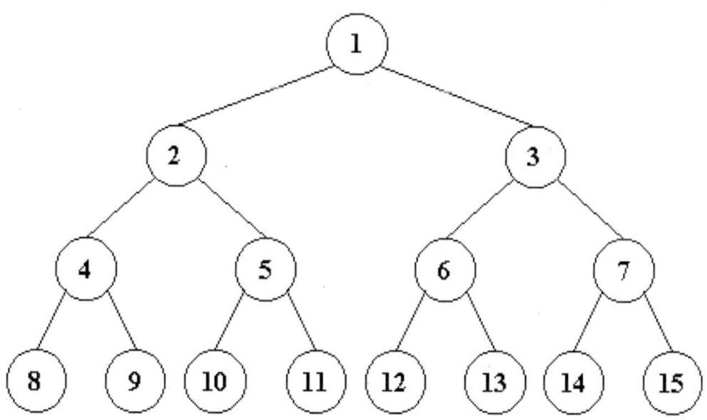

① 배열을 이용한 표현

배열을 이용하여 이진트리의 각 노드들을 자기 위치번호에 맞는 배열의 인덱스 위치에 저장할 수 있다.

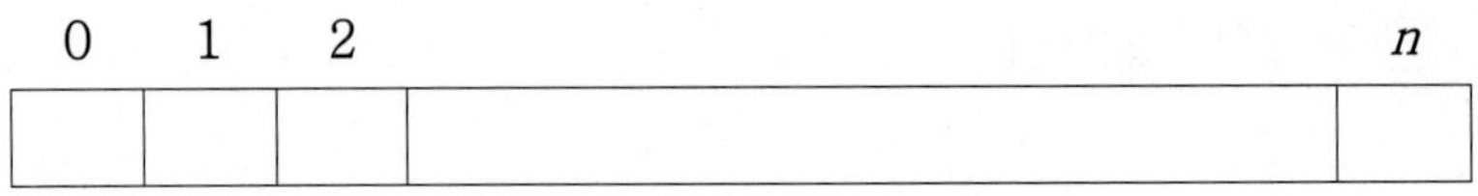

배열을 이용하여 저장하면 다음과 같은 특성을 가진다.

n개의 노드를 가진 완전 이진 트리 (깊이 = $\lfloor \log_2 n+1 \rfloor$)에서 인덱스 i번째 노드인 경우에

i) $i \neq 1$이면 부모(i) = $\lfloor i/2 \rfloor$, $i=1$이면 i는 루트임.

ii) $2i \leq n$이면 왼쪽 자식(i) = $2i$, 만일 $2i > n$이면 i는 왼쪽 자식을 가질 수 없음.

(예) $i=2$일 때 왼쪽 자식는 $2 \times 2 = 4$

iii) $2i+1 \leq n$이면 오른쪽 자식(i)= $2i+1$, 만일 $2i > n$이면 i는 오른쪽 자식을 가질 수 없음.

(예) $i=2$일 때 오른쪽 자식은 $2 \times 2+1=5$번째에 있음.

깊이 k인 완전 이진 트리는 2^k-1의 노드를 저장할 수 있는 기억장소가 필요하다.

만약, 경사 이진 트리인 경우에는 2^k-1개의 기억장소 중 k개만 사용하므로 기억장소가 낭비된다. 따라서 연결리스트를 이용하면 이 문제는 해결된다.

② 연결 리스트를 이용한 표현

배열을 이용하여 표현한 경우에 트리 중간의 노드를 삽입 또는 삭제할 때 노드가 저장된 위치를 변경해야 하는 경우가 발생한다. 이 문제를 해결하기 위하여 연결 리스트를 사용한다.

아래 그림과 같이 각 노드가 왼쪽자식(leftChild)과 오른쪽 자식(rightChild)을 가지게 하기 위하여 두 개의 링크 필드를 정의한다.

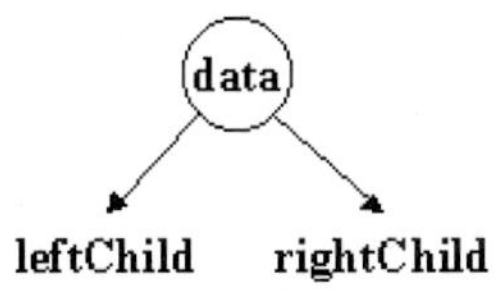

leftChild	data	rightChild

```
typedef  struct  node  *treePtr;
struct  node{
        int  data;
        treePtr  leftChild, rightChild;
};
```

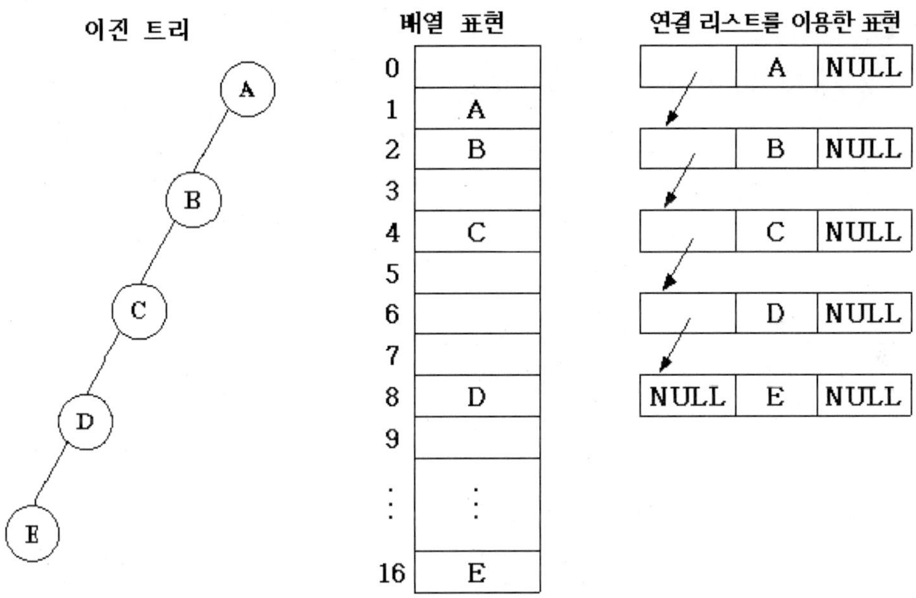

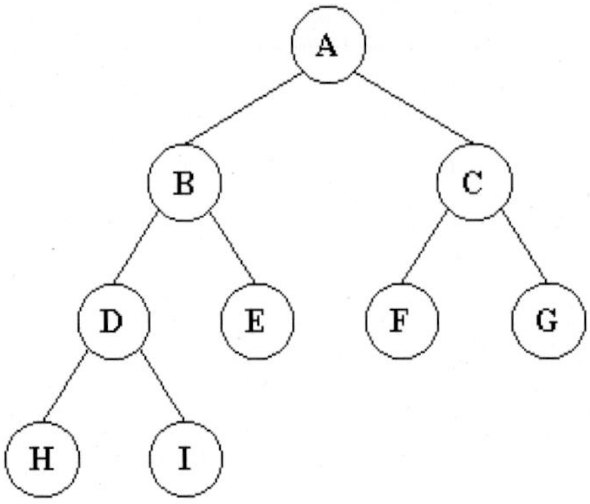

0	
1	A
2	B
3	C
4	D
5	E
6	F
7	G
8	H
9	I

5.4 이진 트리 순회(Binary Tree Traversal)

이진 트리를 순회하는 방법은 다음과 같은 세 가지로 분류할 수 있다. 각 노드의 왼쪽 자식을 오른쪽 자식보다 먼저 순회하는 것을 가정한다.

- 중위순회(Inorder Traversal) : 왼쪽 서브트리 중위순회 → 루트 방문 → 오른쪽 서브트리 중위순회
- 후위순회(Postorder Traversal) : 왼쪽 서브트리 후위순회 → 오른쪽 서브트리 후위 순회 → 루트 방문
- 전위순회(Preorder Traversal) : 루트 방문 → 왼쪽 서브트리 전위순회 → 오른쪽 서브트리 전위 순회

예를 들어 중위 표기로 X/Y*Z*A+B가 아래와 같이 표현되었다고 가정하자. 사각형으로 표시된 것은 NULL 노드로 터미널 노드를 의미한다.

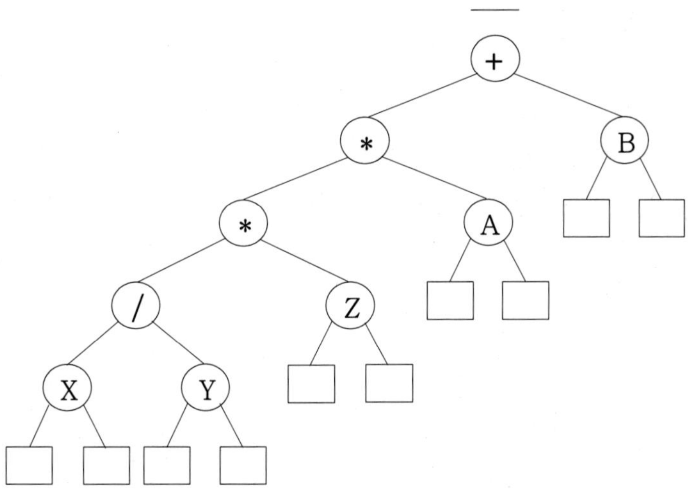

① 중위순회(Left - Visit - Right)

다음은 중위순회를 나타낸 알고리즘이다.

i) NULL 노드에 도달할 때까지 Left(왼쪽) 방향으로 이동
ii) NULL 노드에 도착하면 NULL 노드의 부모를 Visit
iii) Right(오른쪽) 방향으로 순회 계속

```
void  inorder(treePtr  ptr)
{
  if(ptr) {
    ① inorder(ptr→leftChild);
    ② printf("%s", ptr→data);
    ③ inorder(ptr→rightChild);
  }
}
```

이 알고리즘의 출력결과는 다음과 같다.

X/Y*Z*A+B

② 전위순회(Visit - Left - Right)

i) 루트부터 노드를 Visit
ii) NULL 노드에 도착할 때가지 왼쪽(Left) 방향으로 이동
iii) NULL 노드에 도착하면 오른쪽(Right) 방향으로 이동

```
void  preorder(treePtr  ptr)
{
  if(ptr) {
    printf("%s", ptr→data);
    preorder(ptr→leftChild);
    preorder(ptr→rightChild);
  }
}
```

이 알고리즘의 출력 결과는 다음과 같다.

+**/XYZAB

③ 후위순회(Left - Right - Visit)

왼쪽 서브트리의 모든 노드들을 출력하고 오른쪽 서브트리의 모든 노드들을 출력한 후 부모 노드를 출력한다.

```
void  postorder(treePtr  ptr)
{
  if(ptr) {
    postorder(ptr→leftChild);
    postorder(ptr→rightChild);
    printf("%s", ptr→data);
  }
}
```

이 알고리즘의 출력결과는 다음과 같다.

XY/Z*A*B+

5.5 쓰레드 이진 트리(Thread Binary Tree)

이진 트리는 연결 리스트로 표현하기 위해서는 (2 * n)개의 링크 필드가 필요하다. 그리고 터미널 노드인 경우에 자식 노드가 없으므로 (n + 1)개의 NULL 링크가 발생하여 메모리가 낭비된다.

따라서, 사용되지 않는 NULL 링크를 다른 노드를 가리키게 하는 포인터로 사용하여 이진 트리 순회 연산에 도움이 되도록 한다.

아래 그림과 같이 터미널 노드들의 NULL 링크가 다른 노드들을 가리키게 이진트리를 구성한 것을 쓰레드 이진 트리라고 한다. 실선은 자식 노드들을 가리키며, 점선은 다른 노드들을 가리키는 쓰레드를 의미한다.

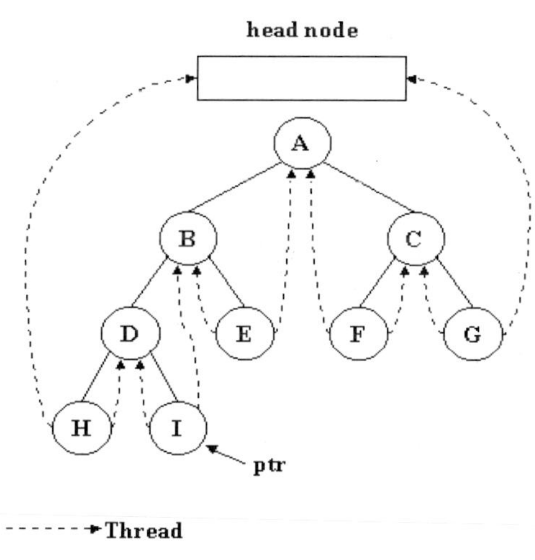

쓰레드

ptr→leftChild = (중위순회 선행 노드)
ptr→rightChild = (중위순회 후행 노드)

위 그림에서 실제로 왼쪽/오른쪽 자식을 가리키는 링크 필드가 쓰레드인지 진짜 왼쪽/오른쪽 자식 노드를 가리키는지 알 수 없다.

따라서 아래와 같이 2개의 필드를 추가하여 구분한다.

2 필드 추가 { ptr→leftThread, ptr→rightThread } = { TRUE → 쓰레드, FALSE → 왼쪽/오른쪽 자식을 가리키는 포인터 }

추가된 2개의 필드(leftThread, rightThread)의 값이 TRUE이면 쓰레드로 사용된 것이고 FALSE이면 진짜 자식 노드를 가리키는 포인터이다.

① 초기 쓰레드 트리

초기 쓰레드 트리는 아래와 같이 'head node' 만 존재한다.

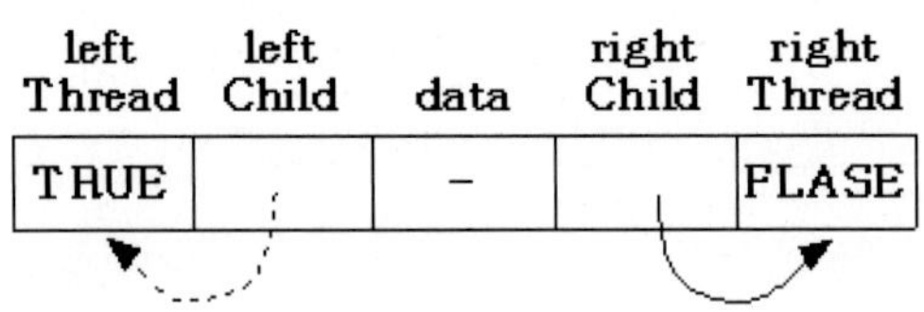

② 생성된 쓰레드 트리

아래 그림과 같이 'head node' 로부터 연결된다.

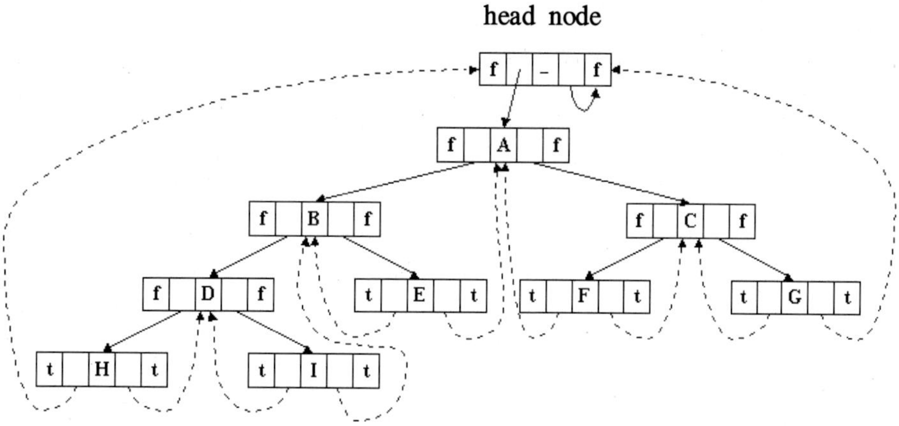

1) 중위순회 후행 노드 찾는 방법

```
if ptr→rightThread = TRUE then ptr→rightChild;
                                  (후행 노드)
else {
   temp = ptr→rightChild;
   while(!temp→leftThread) {
      temp = temp→leftChild;
      (후행 노드)
   }
   return  temp;
}
```

2) 노드 삽입

ⅰ) 오른쪽 서브트리가 공백인 부모 오른쪽에 자식으로 삽입

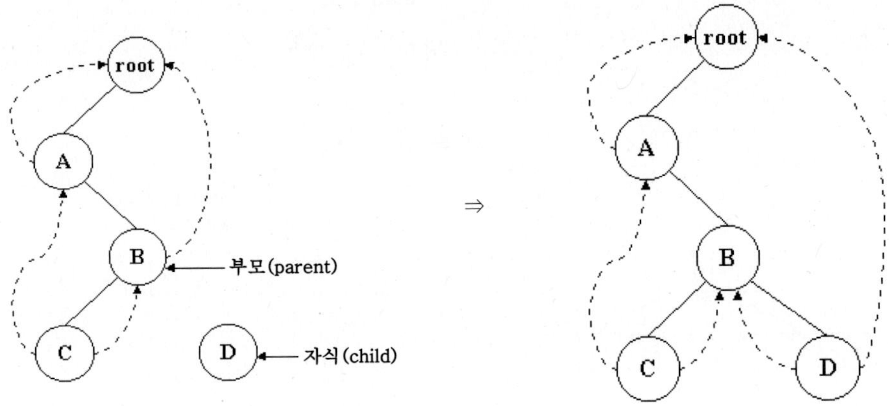

parent→rightThread = FALSE
child→leftThread = TRUE
child→rightThread = TRUE
child→leftChild = parent
child→rightChild = parent→rightChild
parent→rightChild = child

ii) 오른쪽 서브트리가 공백이 아닌 경우

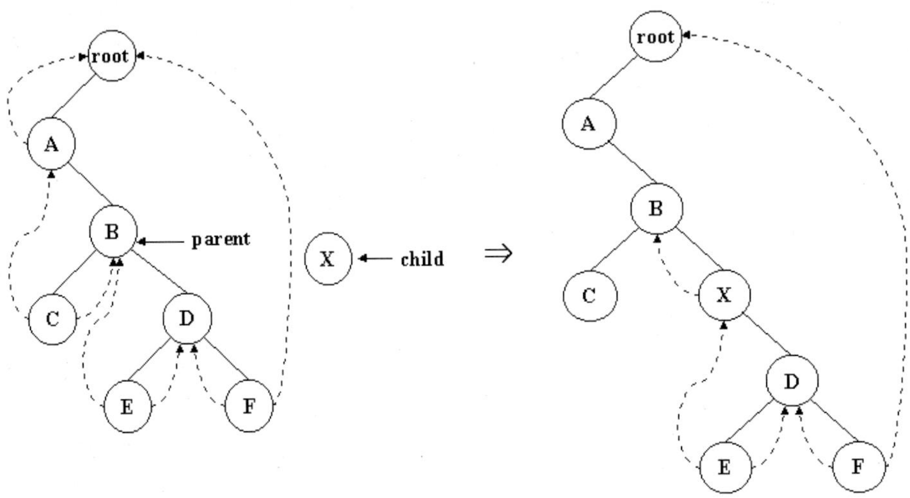

```
child→rightChild = parent→rightChild
child→rightThread = parent→rightThread          /* FALSE */
child→leftThread = TRUE
child→leftChild = parent
parent→rightChild = child
parent→rightThread = FALSE
child의 중위순회가 자식을 가리키게 함
temp→leftChild = child
```

5.6 히프(Heap) 트리

히프 트리를 이용하여 정렬을 할 수 있다. 다음은 히프 트리에 관한 용어 정의이다.

- MAX 트리 : 각 노드의 key 값이 자식의 key 값보다 작지 않은 트리
- MAX 히프 : MAX 트리인 완전 이진 트리
- MIN 트리 : 각 노드의 key 값이 자식의 key 값보다 크지 않은 트리
- MIN 히프 : MIN 트리이면서 완전 이진 트리

아래 그림은 히프 트리의 예를 보인다.

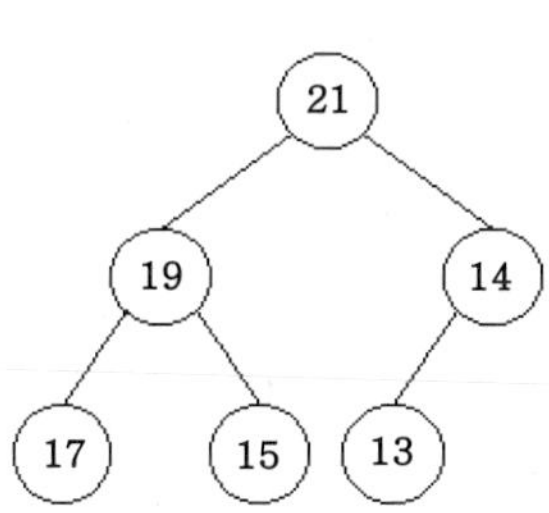

MAX 히프

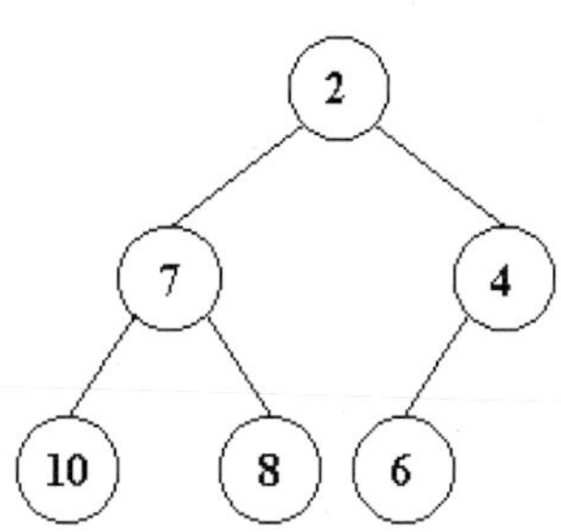

MIN 히프

히프 트리를 이용하여 다음과 같은 연산을 할 수 있다.

- 공백 히프의 생성
- 히프에 새 원소 삽입
- 히프에서 가장 큰 원소 삭제

다음 그림은 새로운 원소 13을 삽입하는 과정을 보인다.

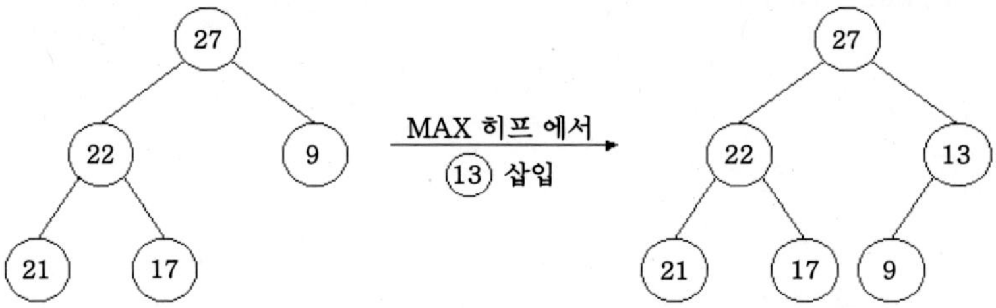

5.7 이진 탐색 트리(Binary Search Tree)

정의) 이진 탐색 트리는

① 공백(empty)이거나

② 공백이 아니면 다음 성질을 만족한다.

i) 모든 원소는 key를 가지며, key는 유일한 값을 가진다.

ii) 왼쪽 서브 트리에 있는 key들은 루트의 key 보다 작다.

iii) 오른쪽 서브 트리에 있는 키들은 루트의 key 보다 크다.

iv) 왼쪽과 오른쪽 서브 트리도 이진 탐색 트리이다.

아래 그림은 이진 탐색 트리의 예이다.

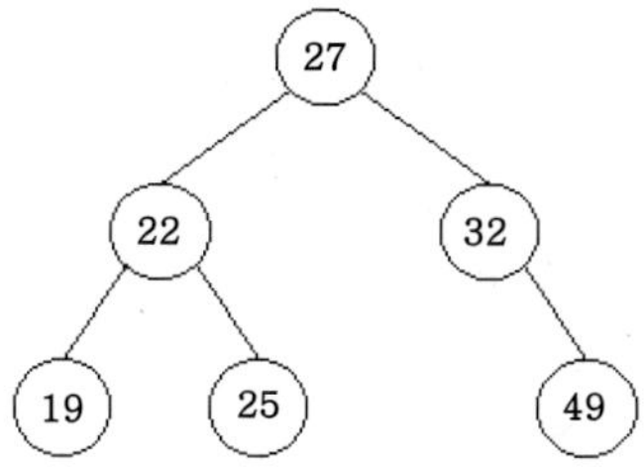

다음은 이진 탐색 트리를 이용한 연산을 나타낸다.

(1) 탐색(Search)

key 값이 k인 노드를 탐색하기 위한 알고리즘은 다음과 같다.

```
i ) if 루트 == NULL return NULL;
ii ) else
      if 루트 key == k return 루트;
      else if 루트 key < k
        오른쪽 서브트리 탐색
      else 왼쪽 서브트리 탐색
```

(2) 삽입(Insert)

key 값이 k인 노드를 삽입하는 알고리즘은 다음과 같다.

i) k가 있는지 탐색한 후
ii) 탐색이 종료된 시점에 삽입

아래 그림은 새로운 노드를 삽입하는 과정을 보이고 있다.

그림에서 (100) 삽입

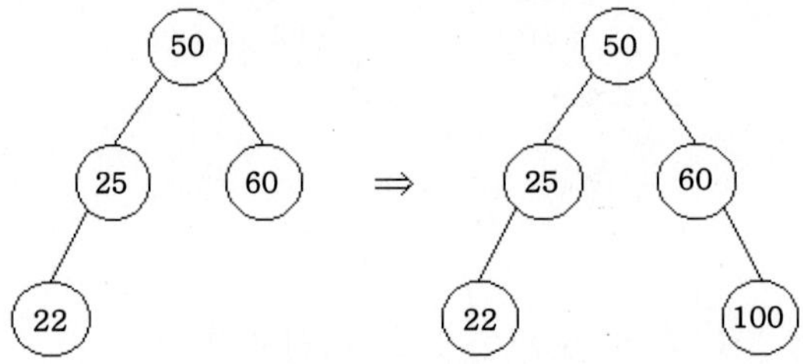

(3) 노드 삭제(Delete)

노드를 삭제하는 방법은 다음과 같다.

i) 삭제하고자 하는 노드가 터미널 노드 일 때
→ NULL로 만들고 반환(return)

ii) 삭제하고자 하는 노드가 하나의 자식만을 가지는 비단말 노드(예: 60) 일 때는 아래그림과 같이 삭제한다.

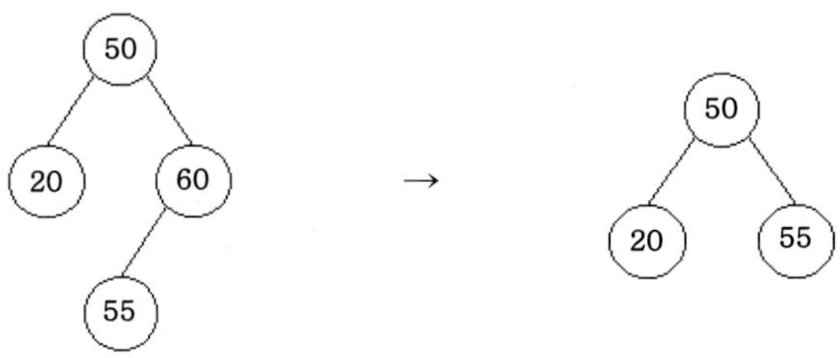

iii) 삭제하고자 하는 노드가 두 개의 자식을 가지는 비단말 노드 일 때
→ 왼쪽 서브트리에서 가장 크거나, 오른쪽 서브트리에서 가장 작은 것을 대체

아래 그림에서 보는바와 같이 '70' 을 삭제하고자 한다면,

① '65' 를 '70' 이 있던 자리로 이동하고
② '62' 를 '65' 가 있던 자리로 이동한다.

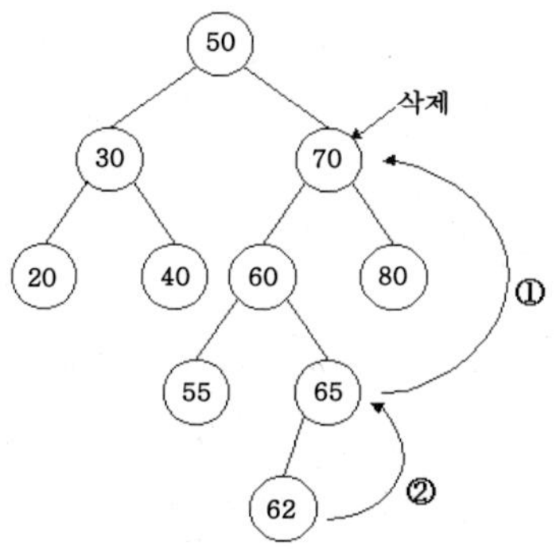

5.8 선택 트리(Selection Tree)

선택 트리는 두 개의 자식 노드 중에서 원하는 것을 선택하는 과정을 표현한다.

아래 그림은 자식 노드로부터 가장 작은 수를 선택하는 과정을 보인다.

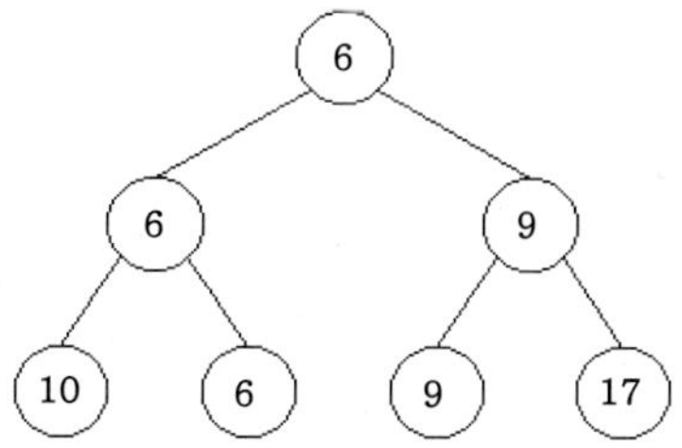

5.9 포리스트(Forest)

정의) 포리스트 : $n \geq 0$개의 분리된 트리의 집합을 의미한다. 이진 트리에서 루트를 제거하면 포리스트가 된다. 반대로 포리스트를 이진 트리로 변환하는 과정은 다음과 같다.

- 포리스트 : $T_1, T_2, \cdots, T_n$
- 이진트리 : $B(T_1, T_2, \cdots, T_n)$

  i) n = 0이면 B = 공백

  ii) B는 T_1과 같은 루트를 가지며, 왼쪽 서브트리로 $B(T_{11}, T_{12}, \cdots, T_{1m})$을 가진다. 단, $T_{11}, T_{12}, \cdots, T_{1m}$은 T_1의 서브트리이다. 그리고 오른쪽 서브트리는 $B(T_2, \cdots, T_m)$이다.

아래 그림은 포리스트를 이진 트리로 바꾸는 예를 보인다.

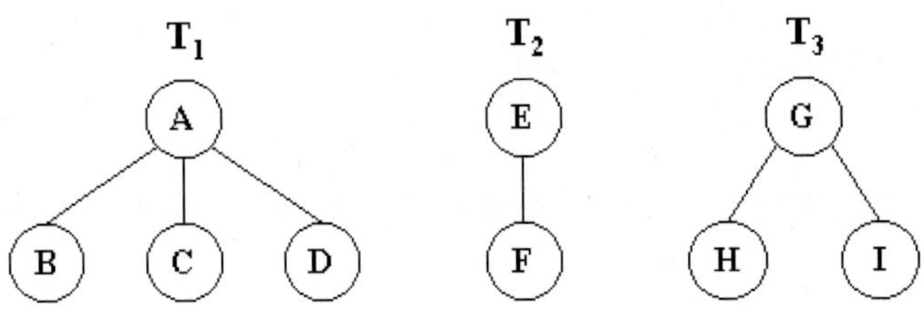

⇒ 포리스트

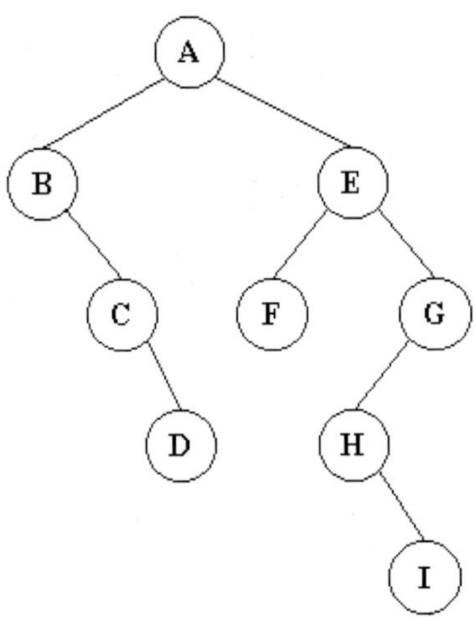

이진 트리

5.10 AVL 트리

이진 탐색 트리의 높이(깊이)에 따라 탐색시간이 달라진다. 따라서 높이(깊이)를 줄일수록 탐색 시간이 짧아진다. 탐색 고정에서 노드의 비교 횟수가 비교적 적게 하기 위하여 균형 잡힌 트리가 필요하다.

AVL 트리는 서브트리들의 높이가 균형을 이루는 이진 트리이다.

정의) 트리 T가 높이 균형을 이룬다($T = T_L + T_R$).

if) (1) T_L과 T_R이 높이 균형을 이루며,

(2) $| h_L - h_R | \le 1$

$h_L - h_R$을 밸런스 팩터(Balance Factor)라고 하며, 이 밸런스 팩터가 -1, 0, 1 이 유지되도록 한다.

아래 그림은 다음 예와 같은 순서로 노드들이 입력될 때, AVL 트리를 유지하는 과정을 보이고 있다.

입력 : Mar, May, Nov, Aug, Apr, Jan, Dec, July, Feb, June, Oct, Sept

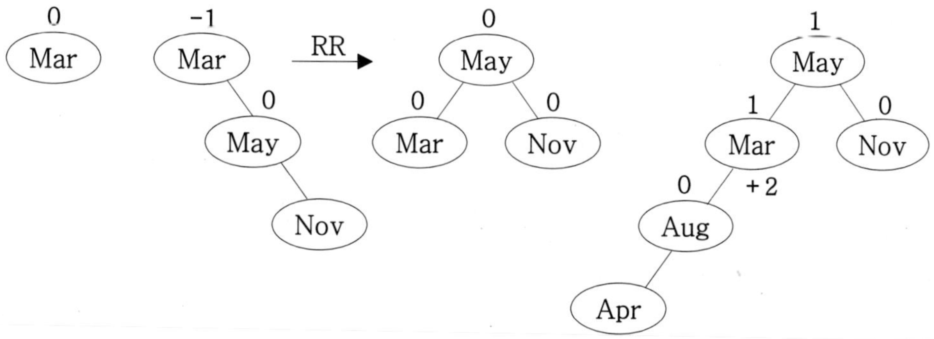

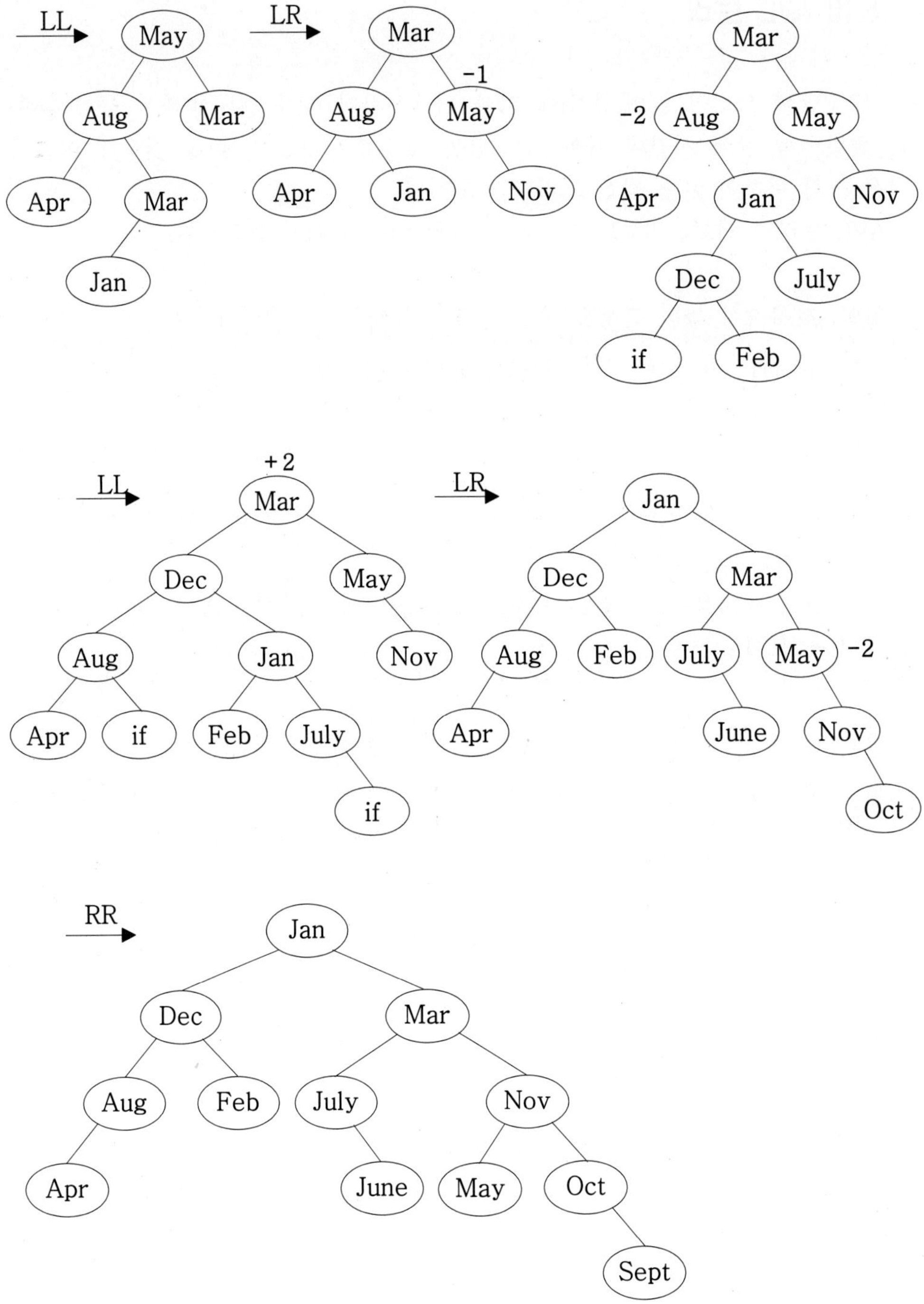
LL
May
Aug
Mar
Apr
Mar
Jan
LR
Mar
-1
Aug
May
Apr
Jan
Nov
Mar
-2
Aug
May
Apr
Jan
Nov
Dec
July
if
Feb
LL
+2
Mar
Dec
May
Aug
Jan
Nov
Apr
if
Feb
July
if
LR
Jan
Dec
Mar
Aug
Feb
July
May
-2
Apr
June
Nov
Oct
RR
Jan
Dec
Mar
Aug
Feb
July
Nov
Apr
June
May
Oct
Sept

이때 AVL 트리를 유지하기 위하여 노드들을 회전하는 방법을 다음과 같다.

회전 방법

- 삽입할 노드 : Y
- Y에 가장 가까우면서 밸런스 팩터가 ±2인 조상노드 : A 일 때

① LL : 새 노드 Y는 A 노드의 왼쪽 서브트리의 왼쪽 서브트리에 삽입
② LR : 새 노드 Y는 A 노드의 왼쪽 서브트리의 오른쪽 서브트리에 삽입
③ RR : 새 노드 Y는 A 노드의 오른쪽 서브트리의 오른쪽 서브트리에 삽입
④ RL : 새 노드 Y는 A 노드의 오른쪽 서브트리의 왼쪽 서브트리에 삽입

LL $\xLeftrightarrow{\text{대칭}}$ RR　　　　　　LR $\xLeftrightarrow{\text{대칭}}$ RL

5.11 2-3 트리(Two-three Trees)

정의) 2-3 트리
① 공백이거나
② 다음의 특성을 만족하는 탐색 트리이다.
i) 각 내부 노드(Internal node)는 2-node 또는 3-node이다. 2-node는 하나의 원소를 가지며, 3-node는 두 개의 원소를 가진다. 이때 2-node는 차수가 2인 노드이며, 3-node는 차수가 3인 노드이다.

ii) 2-node
- 자식노드 : left－child, middle－child
- 원소 : data_1
- 노드 값 : data_1.key

Val(left-child) < data_1.key < Val(right-child)

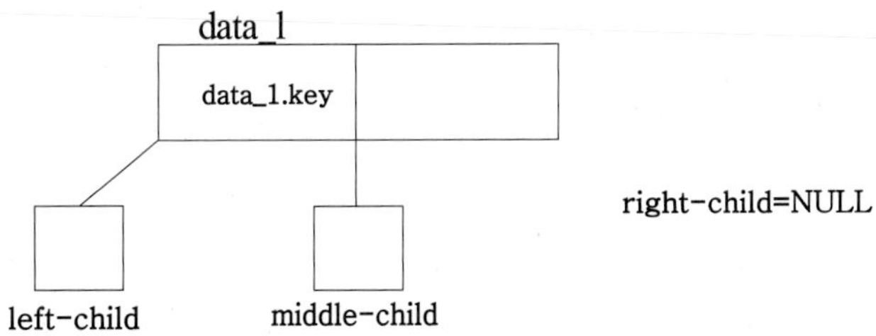

iii) 3-node

- 자식노드 : left-child, middle-child, right-child
- 원소 : data_l, data_r
- 노드 값 : data_l.key, data_r.key

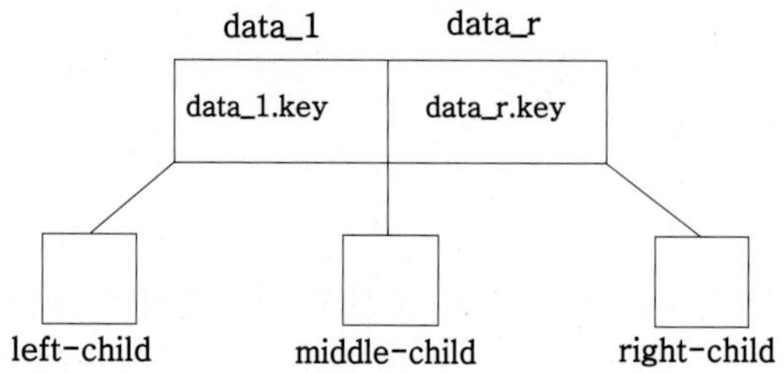

Val(left-child) < data_1.key < Val(midde-child) < data_r.key < Val(right-child)

iv) 모든 외부노드(External Node)는 같은 레벨에 있다.

내부노드는 원래 있는 노드이며, 외부노드는 NULL 링크가 있는 곳에 특별한 사각형 노드로 표시한 것을 의미하며 원래 트리의 부분이 아니다.

아래 그림은 2-3 트리의 예이다.

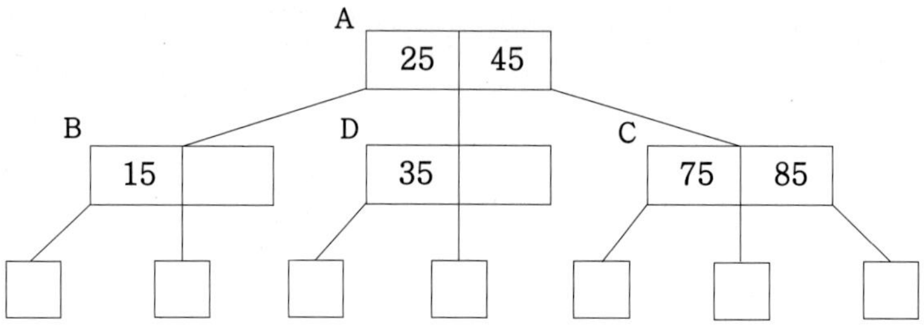

5.12 B-트리(B-tree)

B 트리는 인덱스가 메인 메모리에 적재할 수 없을 정도로 클 경우에 사용된다. AVL, 2-3 트리 등은 테이블이 모두 메인 메모리에 적재될 때 유용하다.

정의) M-way 탐색트리(Search Tree) :

① 공백이거나

② 다음의 성질을 만족한다.

i) 루트는 많아야 m개의 서브트리를 가짐

$$n,\ A_0,\ (K_1,\ A_1),\ \cdots,\ (K_n,\ A_n)$$

$$\begin{cases} A_i : \text{서브트리포인터 } (0 \le i \le n < m) \\ K_i : \text{값} \end{cases}$$

ii) $1 \le i < n$에 대하여 $K_i < K_{i+1}$

iii) 서브트리 $A_i (0 < i < n)$ 내의 모든 값은 K_{i+1}보다는 작고 K_i 보다는 크다.

iv) 서브트리 A_n 내의 모든 값들은 K_n보다 크고 A_0의 모든 값들은 K_1보다 작다.

v) 서브트리 $A_i (0 \le i \le n)$은 m-way 탐색트리이다.

AVL 트리는 2-way 탐색트리이며, 2-3 트리는 3-way 탐색트리이다.
다음 그림은 예를 보인다.

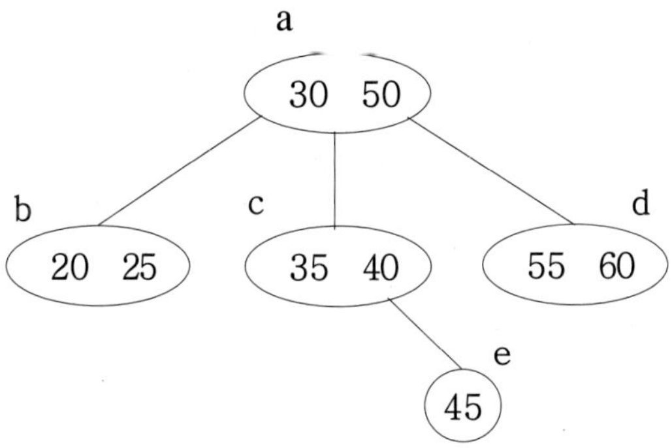

a 2, b, (30, c), (50, d)
b 2, 0, (20, 0), (25, 0)
c 2, 0, (35, 0), (40, e)
d 2, 0, (55, 0), (60, 0)
e 1, 0, (45, 0)

정의) 차수 m인 B-트리 :

① 공백이거나

② m-way 탐색트리이다.

i) 루트는 적어도 2개의 자식 가짐

ii) 루트와 외부노드를 제외한 모든 노드는 $\lceil \frac{n}{2} \rceil$개의 자식 가짐

iii) 모든 외부노드는 동일 레벨에 있음

연 습 문 제

1. 트리의 정의를 기술하시오.

2. 다음 트리를 보고 물음에 답하라.

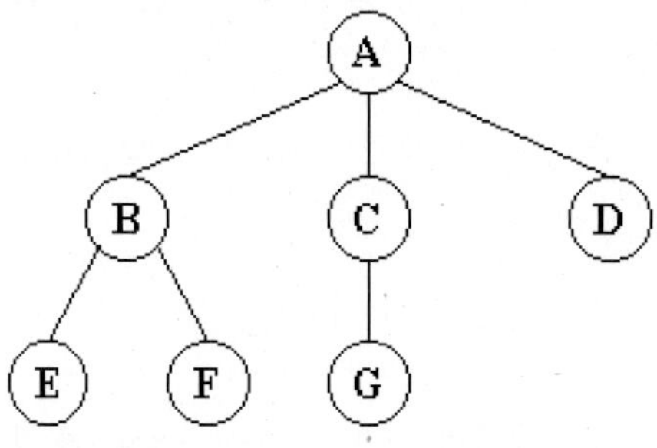

a) 위의 트리를 이진 트리로 변형하라.
b) 트리를 이진 트리로 변형해야 하는 이유를 설명하라.
c) 변형된 이진 트리를 중위순회, 후위순회, 전위순회로 탐색한 결과를 적어라.
d) 변형된 이진 트리를 1차원 배열에 표현하라.
e) 트리를 배열에 표현했을 때 연결 리스트 표현에 비해 단점은 무엇인가?

3. 쓰레드 이진 트리가 사용되는 이유를 설명하시오.

4. 다음 이진 트리를 보고 답하시오.

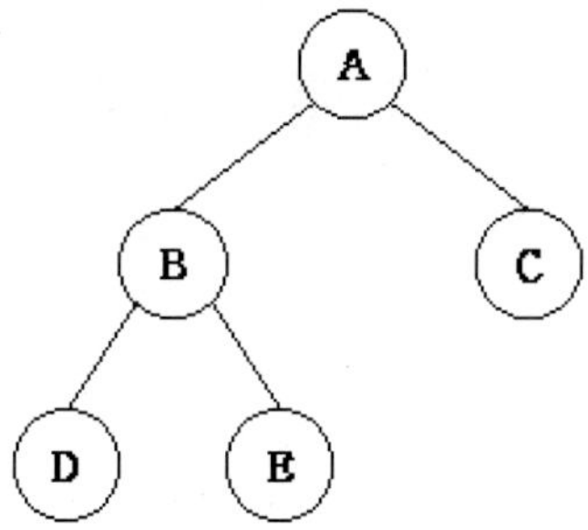

1) 트리의 깊이를 구하시오.
2) 배열을 이용하여 이진 트리를 표현하시오.
3) 연결 리스트를 이용하여 이진 트리를 표현하시오.
4) 터미널 노드를 구하시오.

6장 그래프(Graph)

6.1 그래프 정의

그래프 G는 공집합이 아닌 정점(Vertex)들의 유한집합과 공집합도 허용되는 간선(Edge)들의 유한집합으로 구성된다.

$G=(V,E)$, $V(G)$: 정점의 집합
$E(G)$: 간선의 집합

그래프는 무방향 그래프(Undirected Graph)와 방향 그래프(Directed Graph)으로 분류된다. 무방향 그래프는 정점의 쌍에 순서는 의미가 없으며, 다음의 (V_0, V_1)과 (V_1, V_0)는 같은 의미이다.

$$(v_0, v_1) \equiv (v_1, v_0)$$

다음 그림은 무방향 그래프의 예이다. 간선은 실선으로 나타낸다.

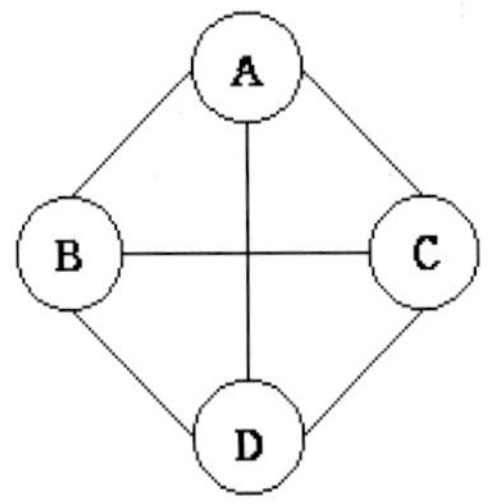

G_1

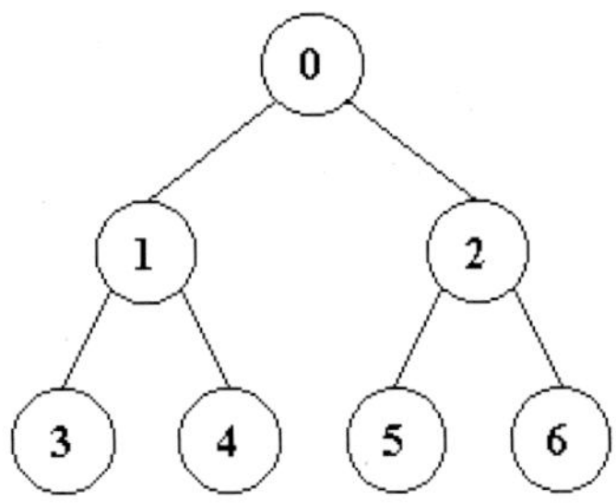

G_2

$V(G_1)=\{A, B, C, D\}$

$E(G_1)=\{(A,B), (A,C), (A,D), (B,C), (B,D), (C,D)\}$

$V(G_2)=\{0, 1, 2, 3, 4, 5, 6\}$

$E(G_2)=\{(0,1), (0,2), (1,3), (1,4), (2,5), (2,6)\}$

방향 그래프의 각 간선은 방향성을 가진 정점들의 쌍으로 나타낸다.
다음 $\langle v_0, v_1 \rangle$과 $\langle v_1, v_0 \rangle$는 다른 의미이다. $\langle v_0, v_1 \rangle$은 $v_0 \rightarrow v_1$을 의미한다.

$$\langle v_0, v_1 \rangle \neq \langle v_1, v_0 \rangle$$

$$v_0 \rightarrow v_1 \qquad v_1 \rightarrow v_0$$

다음 그래프는 방향 그래프의 예를 나타낸다.

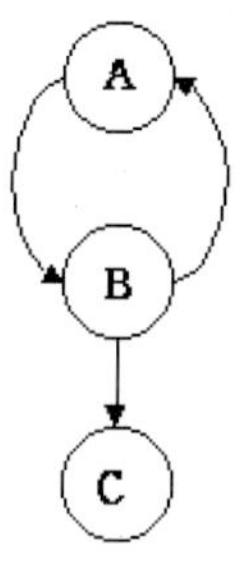

G_3

V(G_3)={A, B, C}
E(G_3)={<A,B>, <B,A>, <B,C>}

그래프의 일반적인 제한 사항은 다음과 같다.

· self-loop을 가질 수 없다. 즉 (v_i, v_i) 또는 $\langle v_i, v_i \rangle$는 허용되지 않는다.
· 같은 간선을 중복해서 가질 수 없다.

완전 그래프(Complete Graph)인 경우에 n개의 정점을 가진 무방향 그래프는 $\frac{n(n-1)}{2}$개의 간선을 가지며, 방향 그래프인 경우에는 $n(n-1)$개의 간선을 가진다. 간선 (v_0, v_1)에서 v_0과 v_1은 인접(adjacent)하다고 하며, (v_0, v_1)은 정점 v_0와 v_1에 부속(incident)되어 있다고 한다. 마찬가지로 $\langle v_0, v_1 \rangle$에서 v_0은 v_1에 인접하며, v_1은 v_0로부터 인접하다. $\langle v_0, v_1 \rangle$은 정점 v_0

와 v_1에 부속되어있다.

다음의 포함관계가 만족하면, V(G′)⊆V(G), E(G′)⊆E(G), G′는 G의 서브그래프(subgraph)이라고 한다.

간선 (v_p, v_1) (v_1, v_2) (v_2, v_3) (v_3, v_q)가 있을 때 v_p에서 v_q까지의 경로(path)는 v_p, v_1, v_2, v_3, v_q이다. 이때 경로의 길이는 간선들의 개수이다. 한 경로 상에 있는 모든 정점들이 다를 때 단순 경로(Simple Path)라고 한다. 예를 들어 그래프 G_3에서 A→B→C 는 단순 방향 경로이다. v_0에서 v_1까지 경로가 있으면 두 정점 v_0와 v_1은 연결(Connect)되어 있다.

다음은 그래프와 관련된 용어이다.

- 사이클(cycle) : 처음과 마지막 정점이 같은 단순경로 (A→B→C→A)
- 연결 그래프(Connected Graph) : 임의의 v_i, v_j에 대해 경로가 있음
- 연결 컴포넌트(connected component) : 최대 연결 서브그래프(Maximal Connected Subgraph)
- 트리(tree) : 사이클이 없는 연결 그래프

다음 그림과 같이 두 정점간에 오고가는 간선이 있으면, 강하게 연결(Strongly Connected)되어 있다고 한다.

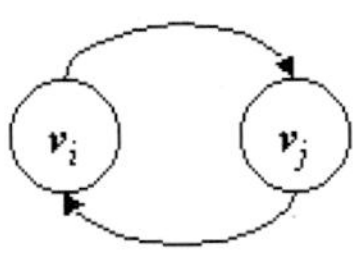

〈 v_i, v_j〉 〈 v_j, v_i〉

정점에 부속된 간선의 수를 차수(Degree)라고 하며, 정점으로 입력되는 차수를 “in-degree”, 출력되는 차수를 ”out-degree”라고 한다.

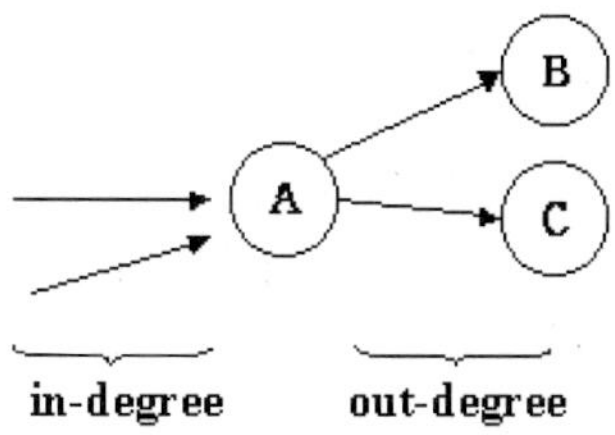

6.2 그래프 표현법

그래프를 표현하는 방법에는 인접 행렬(Adja-Matrices), 인접 리스트(Adj-Lists), 인접 다중 리스트(Adj-Multilists) 등이 있다.

(1) 인접 행렬

인접 행렬은 2차원 배열을 만들어서 간선이 존재하는 부분을 '1' 로 저장하여 그래프를 표현하는 방법이다. 아래 그래프를 인접 행렬로 표현하기 위하여 2차원 배열 adjMat[ ][ ]을 선언하였다.

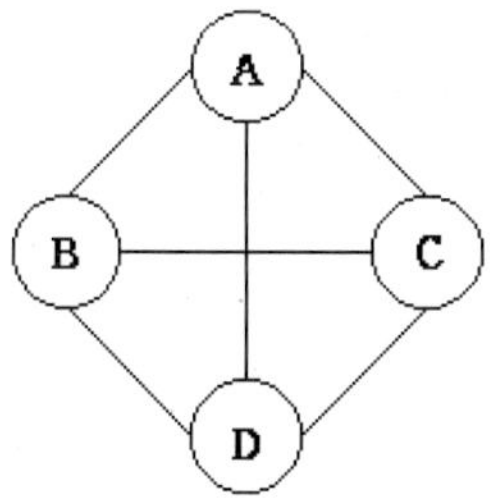

adjMat[i][j]

$$\begin{pmatrix} 0 & 1 & 1 & 1 \\ 1 & 0 & 1 & 1 \\ 1 & 1 & 0 & 1 \\ 1 & 1 & 1 & 0 \end{pmatrix}$$

다음은 방향 그래프를 인접 행렬로 나타낸 것이다.

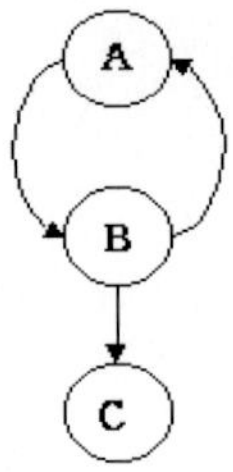

$$\begin{pmatrix} 0 & 1 & 0 \\ 1 & 0 & 1 \\ 0 & 0 & 0 \end{pmatrix}$$

$$\text{adjMat[i][j]} = \begin{cases} 1 : \langle v_i,\ v_j \rangle \text{가 존재할 때} \\ 0 : \langle v_i,\ v_j \rangle \text{가 존재하지 않을 때} \end{cases}$$

(2) 인접 리스트

그래프의 각 정점에 대해 한 개의 연결 리스트가 존재한다.
다음은 무방향 그래프를 인접리스트로 나타낸 것이다.

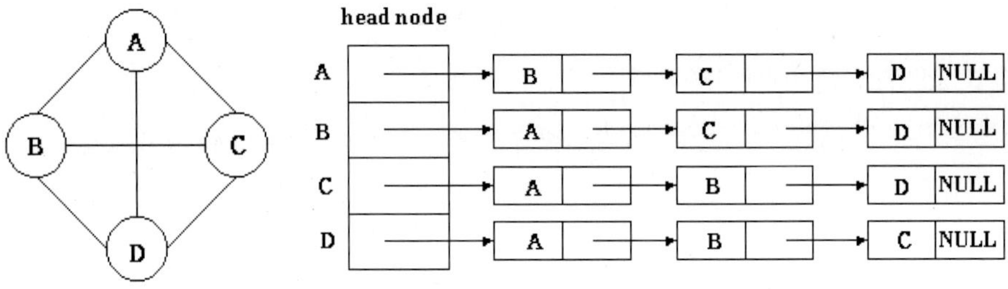

정점이 n개이고 간선이 e개이면, n개의 'head node' 와 2*e개의 리스트 노드가 필요하다.

다음은 방향그래프를 인접 리스트로 나타낸 것이다.

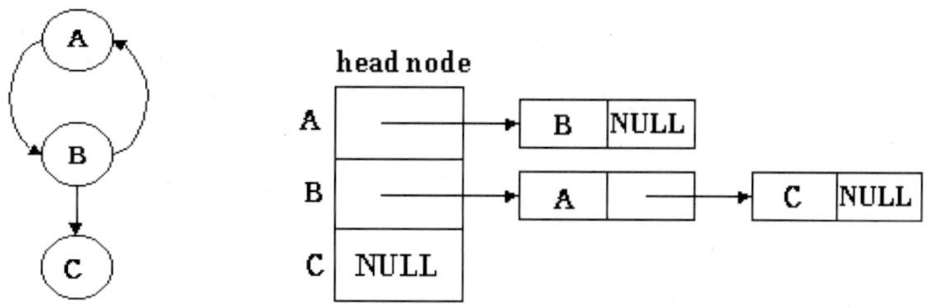

방향 그래프인 경우에 "in-degree"를 표현하기 위해서는 역 인접 리스트(Inverse Adjacency Lists)를 만들거나 리스트 노드 구조를 변경해야 한다.

① 역 인접 리스트

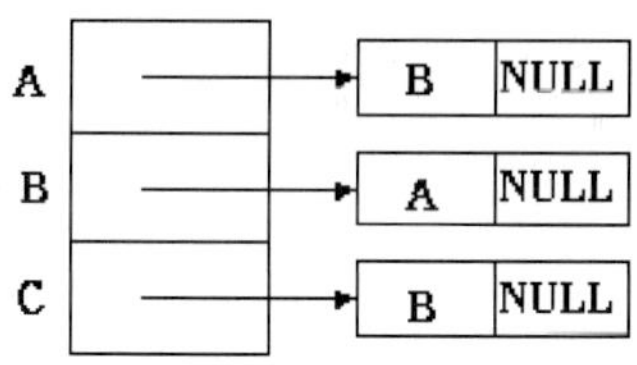

② 리스트 노드구조로 변환

노드의 구조

head	tail	head에 대한 column link	tail에 대한 row link

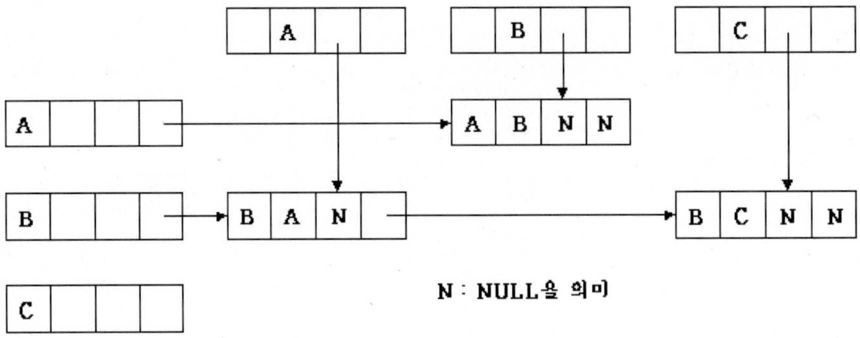

(3) 인접 다중 리스트

다음 그림은 무방향 그래프를 인접 다중 리스트로 나타낸 예이다. (v_i, v_j)에 대해서 v_i에 대한 리스트와 v_j에 대한 리스트를 모두 저장하고 있다.

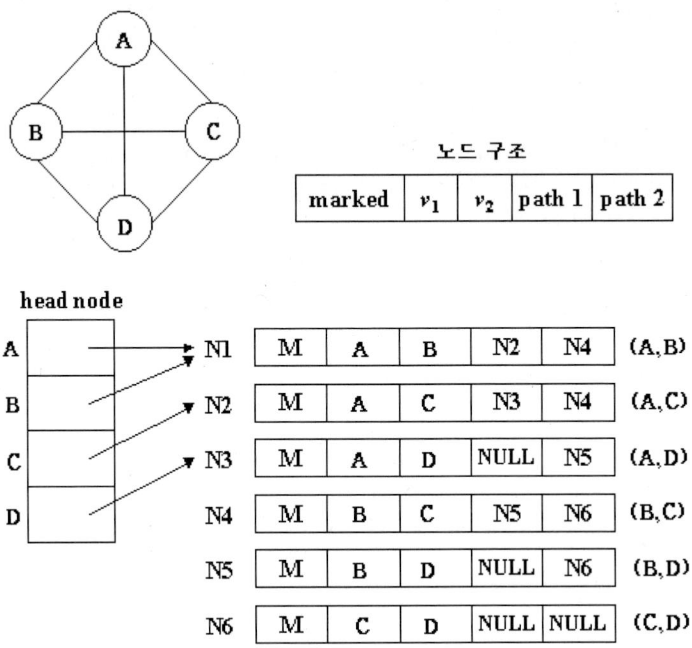

정점　　A : N1→N2→N3
　　　　B : N1→N4→N5
　　　　C : N2→N4→N6
　　　　D : N3→N5→N6

그래프의 간선에 비중(weight)을 표시하여 나타낼 수 있으며, 비중은 그 간선의 값을 의미한다.

6.3 그래프 연산

(1) 그래프 탐색/순회

그래프를 탐색하는 방법은 깊이 우선 탐색(Depth First Search)과 너비 우선 탐색(Breadth First Search) 방법이 있다.

① 깊이 우선 탐색

깊이 우선 탐색을 이용하기 위하여 다음과 같은 자료구조가 필요하다.

- 그래프를 표현하는 인접 리스트 (adjacency List)
- a bit vector VISITED[i] of size n

$$\text{VISITED}[i] = \begin{cases} 1 : \text{node } i \text{ has been visited} \\ 0 : \text{not yet} \end{cases}$$

- 스택(stack) 이용 : 현재 탐색위치 저장

깊이 우선 탐색을 위한 알고리즘은 다음과 같다.

DFS(G, v) : · traverse a graph G, starting at v by DFS
· scan all vertices reachable from v

1. 초기화
- mark all vertices unscanned : VISITED[i]=0
- mark v scanned
- STACK ⇐ v (push)

2. DFT
while(stack is nonempty) do
① p ⇐ STACK (pop)
② if there <u>is an edge (p, q)</u> where q is unscanned

then { STACK ⇐ p ; STACK ⇐ q ; (push)
mark q scanned
(p, q)를 처리

아래 그래프를 이용하여 깊이 우선 탐색 과정을 살펴본다. 먼저 그래프는 인접 리스트로 표현되어야 한다.

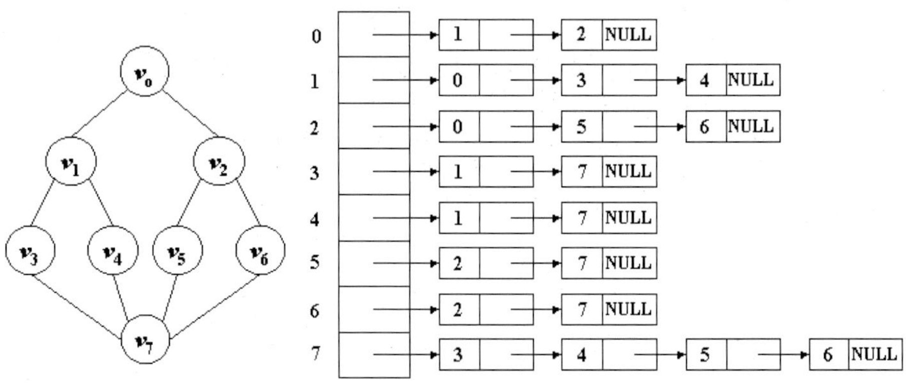

다음은 깊이 우선 탐색을 실행하는 과정을 나타낸다.

1. v_0 is VISITED, STACK : v_0

2.

P= v_0 STACK:공백 (p, q)=(v_0, v_1)

STACK(v_0, v_1) v_1 visitied

P= v_1 STACK: v_0 (p, q)=(v_1, v_3)

STACK(v_0, v_1, v_3) v_3 visitied

P= v_3 STACK: v_0, v_1 (p, q)=(v_3, v_7)

STACK(v_0, v_1, v_3, v_7) v_7 visitied

P= v_7 STACK: v_0, v_1, v_3 (p, q)=(v_7, v_4)

STACK(v_0, v_1, v_3, v_7, v_4) v_4 visitied

P= v_4 STACK: v_0, v_1, v_3, v_7 (p, q)=there is no such q

P= v_7 STACK: v_0, v_1, v_3 (p, q)=(v_7, v_5)

STACK(v_0, v_1, v_3, v_7, v_5) v_5 visitied

P= v_5 STACK: v_0, v_1, v_3, v_7 (p, q)=(v_5, v_2)

STACK(v_0, v_1, v_3, v_7, v_5, v_2) v_2 visitied

P= v_2 STACK: v_0, v_1, v_3, v_7, v_5 (p, q)=(v_2, v_6)

STACK(v_0, v_1, v_3, v_7, v_5, v_6) v_6 visitied

P= v_6 STACK: v_0, v_1, v_3, v_7, v_5 (p, q)=there is no such q

P= v_5 STACK: v_0, v_1, v_3, v_7 (p, q)=there is no such q

P= v_7 STACK: v_0, v_1, v_3 (p, q)=there is no such q

P= v_3 STACK: v_0, v_1 (p, q)=there is no such q

P= v_1 STACK: v_0 (p, q)=there is no such q

P= v_0 STACK:공백 (p, q)=there is no such q

깊이 우선 탐색의 실행결과 다음과 같은 깊이 우선 스패닝 트리(Spanning Tree)가 만들어진다.

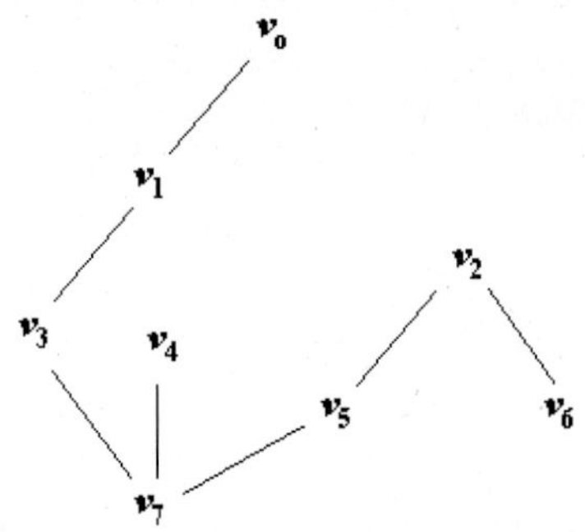

② 너비 우선 탐색

너비 우선 탐색을 위해서는 다음과 같은 자료구조가 필요하다.

- 그래프를 표현하는 adjacency List / adjacency Matrix
- a bit vector of size n

$$\text{VISITED}[i] = \begin{cases} 1 & \text{if nodes } i \text{ has been visited} \\ 0 & \text{if not yet} \end{cases}$$

- 큐(queue) 이용 : the vertices in QUEUE are to be visited

너비 우선 탐색 알고리즘은 다음과 같다.

```
1. 초기화
 · make QUEUE empty, and then insert v
 · make VISITED[i]=0, 0≤i<7, and then VISITED[v]=1

2. (iteration)
while(QUEUE is nonempty) do
① get the front element, U, from QUEUE
② delete U from QUEUE
③ find all vertices {w} that are satisfying
  - w is adjacent from U, and
  - VISITED[w]≠1
④ insert {w} into QUEUE, and VISITED[w]=1
```

깊이 우선 탐색에서 예로 사용한 그래프를 이용하여 너비 우선 탐색하는 과정은 다음과 같다.

1. QUEUE : 공백 , QUEUE : v_0

VISITED[v_i]=0 , (0≤i≤7) , VISITED[v_0]=1

2.

U= v_0	QUEUE:공백	{w}={ v_1, v_2 }
	QUEUE: v_1, v_2	VISITED[v_1]=1, VISITED[v_2]=1
U= v_1	QUEUE: v_2	{w}={ v_3, v_4 }
	QUEUE: v_2, v_3, v_4	VISITED[v_3]=1, VISITED[v_4]=1
U= v_2	QUEUE: v_3, v_4	{w}={ v_5, v_6 }
	QUEUE: v_3, v_4, v_5, v_6	VISITED[v_5]=1, VISITED[v_6]=1
U= v_3	QUEUE: v_4, v_5, v_6	{w}={ v_7 }
	QUEUE: v_4, v_5, v_6, v_7	VISITED[v_7]=1
U= v_4	QUEUE: v_5, v_6, v_7	{w}=no
U= v_5	QUEUE: v_6, v_7	{w}=no
U= v_6	QUEUE: v_7	{w}=no
U= v_7	QUEUE:공백	{w}=no
U=공백	QUEUE:공백	{w}=no

너비 우선 탐색의 결과로 얻어진 너비 우선 스패닝 트리는 다음과 같다.

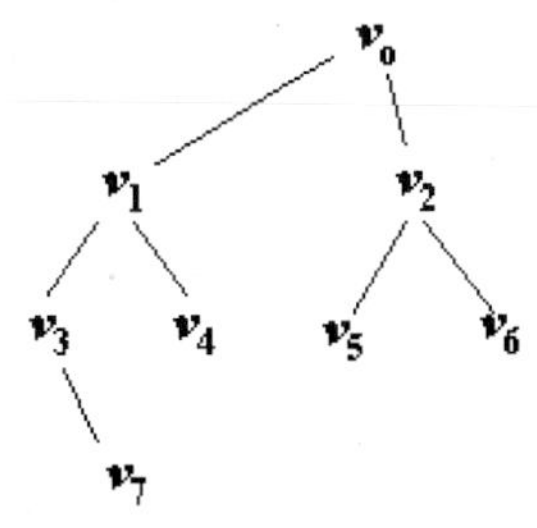

다음은 그래프에 관련된 용어들이다.

- 스패닝 트리(Spanning Tree) : 그래프 G의 간선들로만 구성되고 G의 모든 정점들을 포함한 트리
- Articulation Point : 그래프 G의 정점들 중에서 그 정점을 부속된 간선들과 같이 삭제하면 최소한 두 개의 연결 컴포넌트를 갖는 그래프 G′를 생성하는 정점 *v*

다음 그래프에서 1과 3이 articulation point 이다

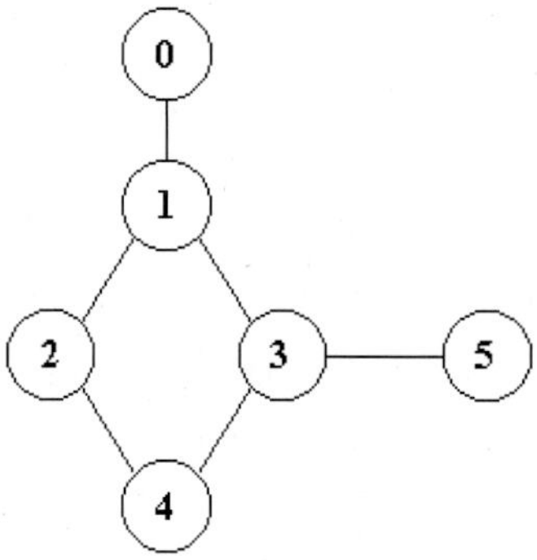

1, 3

Articulation point를 갖지 않는 연결 그래프를 biconnected graph라고 한다.

6.4 최소 스패닝 트리(Minimum Spanning Tree)

가중치(weight)가 부여된 무방향 그래프의 스패닝 트리의 비용은 스패닝 트리를 구성하는 간선들의 가중치의 합이다. 이때, 최저의 비용을 갖는 스패닝 트리를 최소 스패닝 트리라고 한다. 주어진 그래프 G의 n개의 간선중에서 (n-1)개를 사용하게 되며 사이클이 발생해서는 안 된다.

다음은 최소 스패닝 트리를 구하는 Kruskal 알고리즘과 Prim 알고리즘에 대하

여 설명한다.

(1) Kruskal 알고리즘

```
E = edge집합
MST = {      }
while( ((n-1)개 edge가 포함) && (Edge집합 != NULL) )
 i ) 최저비용 edge (u, v) 선택, Edge집합에서 (u, v)제거
 ii ) if( (u, v)가 기존 MST에 cycle을 형성하지 않음 )
        then (u, v)을 MST에 추가
        then (u, v)을 버림
if(MST가 (n-1)개 edge를 포함하지 않음)
  then "No Spanning Tree"
```

다음 그래프에 대하여 최소 스패닝 트리를 구해보도록 하자.

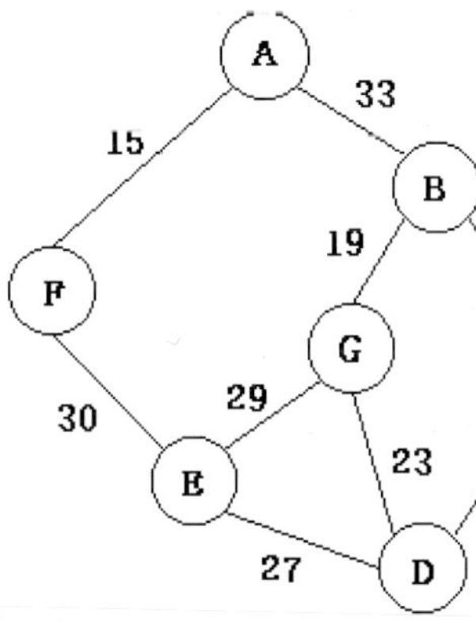

E={(A,B), (A,F), (B,C), (B,G), (C,D), (D,G), (D,E), (E,F), (E,G)}

MST={ }
최소스패닝 트리

아래 그림은 Kruskal 알고리즘을 이용하여 최소 스패닝 트리를 만드는 과정이다.

cost	picked edge	
15	(A, F)	
17	(C, D)	
19	(B, G)	
21	(B, C)	
23	(D, G)	거부(사이클 발생)
27	(D, E)	추가
29	(E, G)	거부(사이클 발생)
30	(E, F)	추가

MST

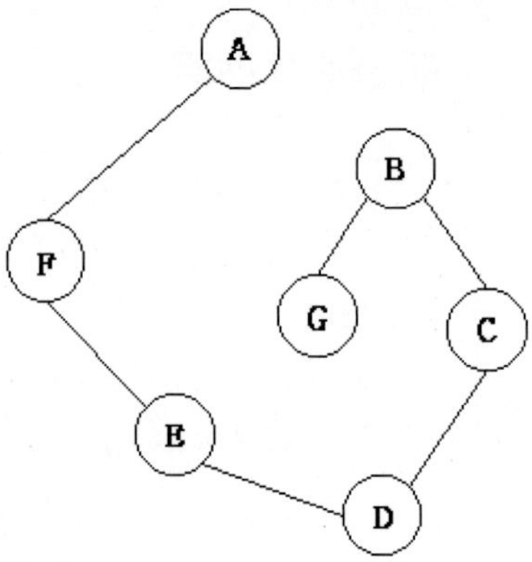

(2) Prim 알고리즘

G=(V, E)

A : set of chosen edges

S : subset of nodes which are in the connected component

<u>알고리즘</u>

1. (u, v) : shortest edge
   A={(u, v)}
   S={u, v}
2. while |S|<|V| do
   1) (x, y) 선택
      i) $x \in S$
      ii) $y \in V-S$
      iii) shortest edge && (i), (ii)만족
   2) $A = A \cup \{(x, y)\}$
      $S = S \cup \{y\}$

다음은 Prim 알고리즘을 적용하여 최소 스패닝 트리를 생성하는 과정이다. Prim 알고리즘의 특징은 그래프의 모든 정점들이 연결되면서 최소 스패닝 트리가 만들어지는 것이다.

pick the shortest edge :

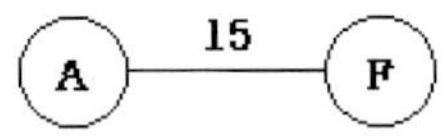

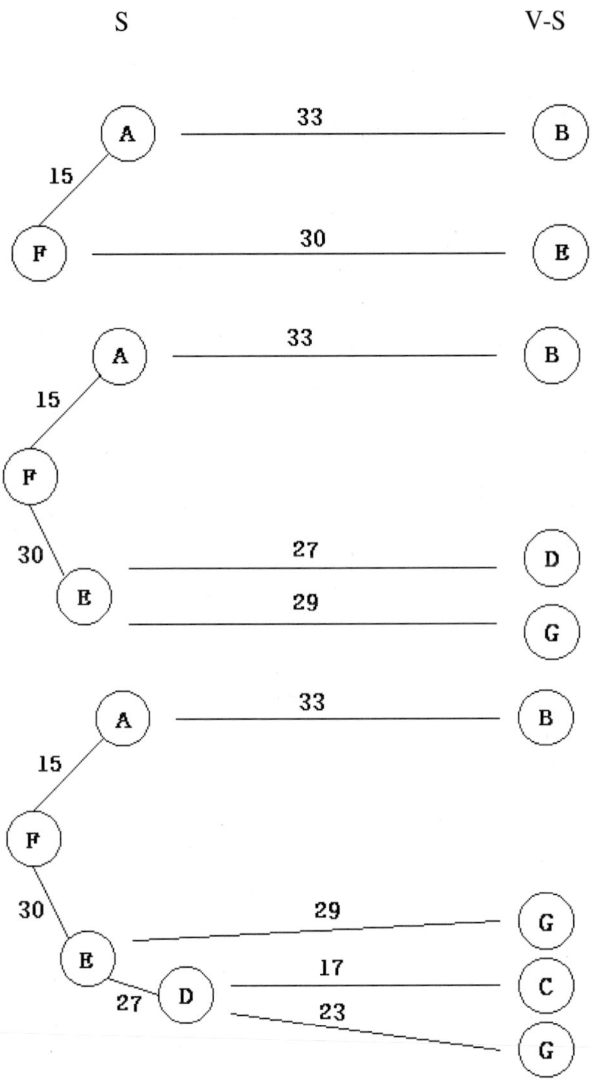

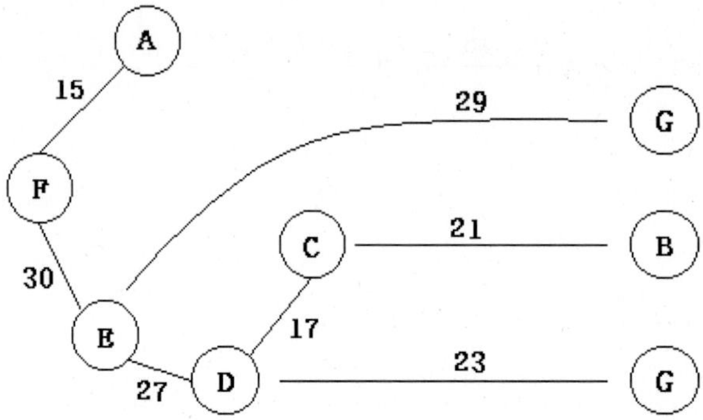

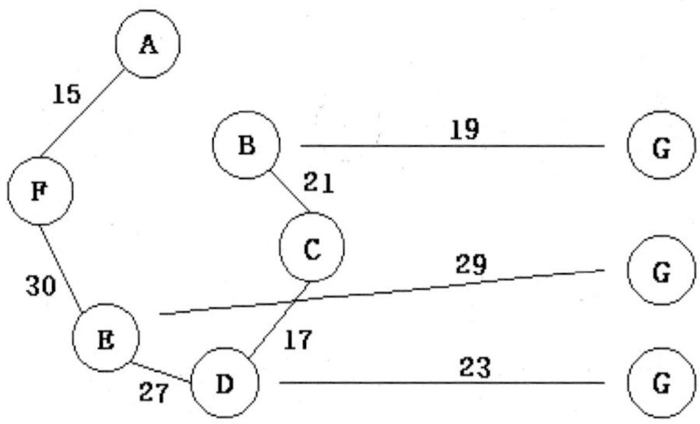

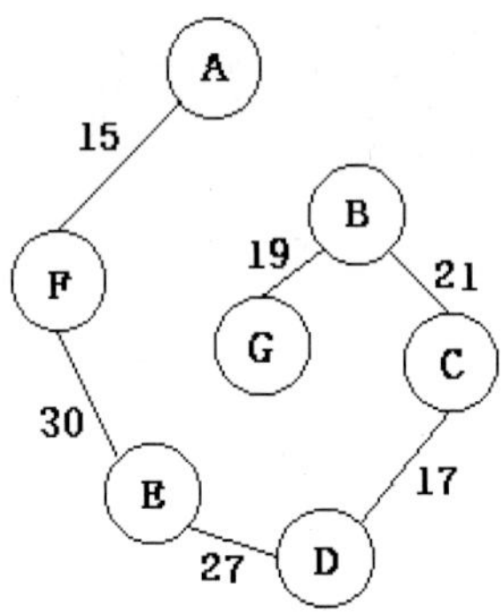

최소 스패닝 트리

6.5 최단 경로(Shotest Path)

주어진 그래프에 대하여 다음 질문에 대한 답을 구할 수 있다.

$$\begin{cases} ①\ \text{A로 부터 B로 가는 길이 있는가?} \\ ②\ \text{가는 길이 두 개 이상이면, 어느 길이 짧은가?} \end{cases}$$

(1) 하나의 출발점으로부터의 최단 경로

하나의 출발점에서 모든 목표점으로 가는 최단거리를 구할 수 있다.
아래와 같은 그래프가 주어졌다고 가정하자.

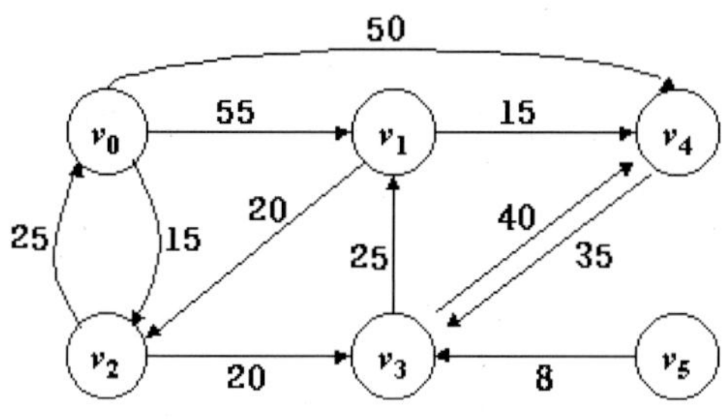

(출발지) (목적지)

v_0 ⟶ v_1

(v_0 v_2 v_3 v_1)=45

그러면 다음과 같이 인접 행렬을 만들 수 있다. 이때 '1000'은 해당 간선이 없음을 나타낸다.

COST[i][j]

$$= \begin{cases} \langle i, j \rangle \text{ 가중치 } \text{if} \in \text{E} \\ \text{(다른 값보다 매우)큰 값 } \text{if} \notin \text{E} \end{cases}$$

$$\begin{pmatrix} 0 & 50 & 10 & 1000 & 45 & 1000 \\ 1000 & 0 & 15 & 1000 & 10 & 1000 \\ 20 & 1000 & 0 & 15 & 1000 & 1000 \\ 1000 & 20 & 1000 & 0 & 35 & 1000 \\ 1000 & 1000 & 30 & 1000 & 0 & 1000 \\ 1000 & 1000 & 1000 & 3 & 1000 & 0 \end{pmatrix}$$

하나의 출발점에서 다른 정점으로 가는 최단 경로를 구하는 알고리즘은 다음과 같다.

```
G=(V, E)
C(v_i, v_j) : edge cost from v_i to v_j
d(v_i) : the cost of the shortest path from v_0 to v_i
S={v_0}   /* 최단 경로에 포함된 vertex */
d(v_0)=0
for[each v ∈ v - {v_0}] do d(v)=c(v_0, v)
while S≠V do
  choose a vertex w∈V-S ∃ d(w) is a minimum;
  S=S∪{w}
  for each v∈V-S do d(v)=min{d(v), d(w)+c(w, v)}
```

(2) 모든 쌍의 최단 경로

$i \neq j$인 모든 정점의 쌍 v_i와 v_j간의 최단 경로를 구할 수 있다.
아래 알고리즘은 정점 i에서 정점 j로의 최단 경로를 구하는 알고리즘이다.

Find the shortest path from node i to node j

Give G=(V, E) : a graph that has no cycle with negative edge cost (G may have a cycle with positive edge cost)

C_{ij} : the edge cost from node i to node j

A_{ij} : the path cost from node i to node j

A_{ij}^{k} : the cost of a shortest path from i to j where the path only uses {1, 2, ⋯, k} as intermediate nodes

$A_{ij}^{0} = C_{ij}$

$A_{ij}^{k} = \min\{A_{ij}^{k-1}, A_{ik}^{k-1} + A_{kj}^{k-1}\}$, for k=1, 2, ⋯, n

다음 그림은 정점 i에서 정점 j로 가는 최단 경로를 구하는 과정이다.

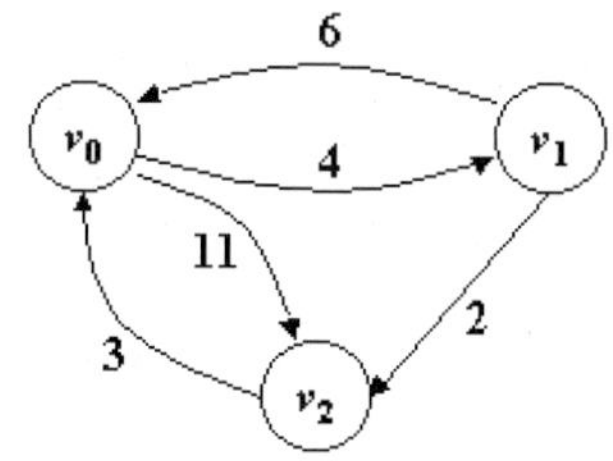

$$A_{ij}^{0} = C_{ij} = \begin{pmatrix} 0 & 4 & 11 \\ 6 & 0 & 2 \\ 3 & \infty & 0 \end{pmatrix}$$

$$A_{ij}^{1} = \begin{pmatrix} 0 & 4 & 11 \\ 6 & 0 & 2 \\ 3 & 7 & 0 \end{pmatrix}$$

$$A_{ij}^{2} = \begin{pmatrix} 0 & 4 & 6 \\ 6 & 0 & 2 \\ 3 & 7 & 0 \end{pmatrix}$$

$$A_{ij}^{3} = \begin{pmatrix} 0 & 4 & 6 \\ 5 & 0 & 2 \\ 3 & 7 & 0 \end{pmatrix}$$

6.6 작업 네트워크(Activity Network)

(1) AOV 네트워크

정의 : 정점이 작업을 나타내고, 작업 사이의 선행관계를 나타내는 방향 그래프 G를 AOV(Activity On Vertex) 네트워크라 한다.

다음 그림은 AOV 네트워크의 예이며, 정적들은 작업을 나타내고 간선들은 작업의 선후관계를 나타낸다.

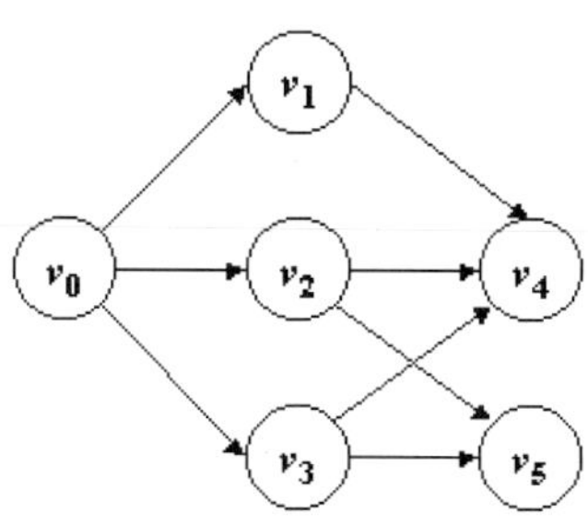

(2) AOE 네트워크

AOE 네트워크에서는 간선이 프로젝트에서 수행되어야 할 작업을 나타내며 정점은 작업의 완료를 나타낸다.

다음 그림은 AOE 네트워크의 예이다.

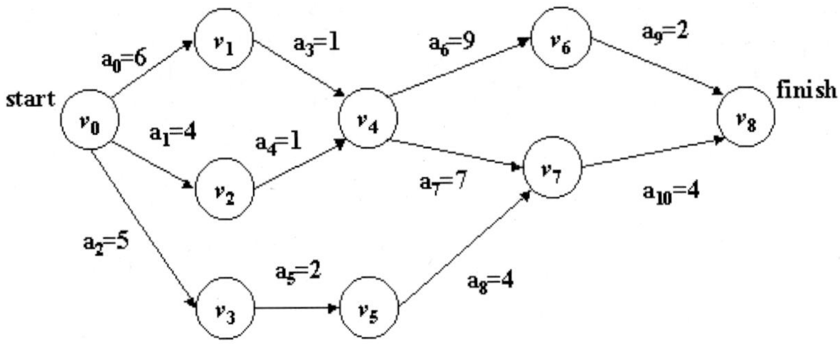

V_0 : 프로젝트 시작

V_8 : 프로젝트 종료

AOE 네트워크로부터 프로젝트를 완료하는데 걸리는 시간, 즉 시작에서 종료까지의 최장거리를 구할 수 있다. 이 최장 길이의 경로를 임계경로(Critical Path)라고 한다. 다음은 위 AOE 네트워크에 대한 임계경로 들이다. 프로젝트에서 이 임계경로를 관리하는 것이 대단히 중요하다. 임계경로 상의 작업들이 지연되면 프로젝트가 지연된다.

V_0 V_1 V_4 V_7 V_8

V_0 V_1 V_4 V_6 V_8

"여러 개 일 수 있다."

다음은 임계작업(Critical Activity)을 구하는 방법이다. 먼저, 사건 V_i가 일어날 수 있는 가장 이른 시간 (earlist time), 즉 V_0에서 V_i까지 최장 경로(path) 길이를 구한다. 예를 들어 V_4 경우는 7이다. 모든 a_i에 대해 early(a_i)를 구한다.

early(a_i)는 earlist start time(가장 이른 출발 시간)이다.

다음으로, 작업 a_i의 latest time late(i), 즉 프로젝트의 완료를 지연시키지 않고 가장 늦게 작업을 시작할 수 있는 시간을 구한다.

다음은 a_5와 a_7의 예이다. 모든 a_i에 대하여 late(a_i)를 구한다.

early(5)=5
late(5)=8

early(7)=7
late(7)=7

최종적으로, [early(i)=late(i)]인 작업이 임계작업들이다. 이 임계작업들은 중요하게 관리되어야 프로젝트가 지연되지 않는다.

연 습 문 제

1. 그래프의 정의를 설명하시오.

2. 무방향 그래프를 설명하시오.

3. 방향 그래프에 대해 설명하시오.

4. 다음 무방향성 그래프를 보고 물음에 답하여라.

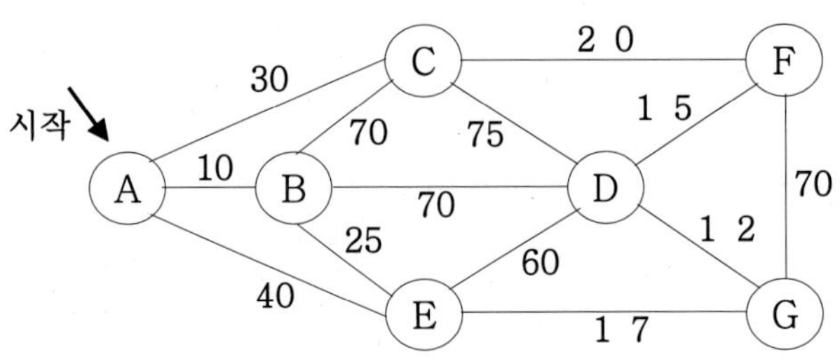

a) 인접 행렬 방식으로 표현하라.
b) 인접 리스트 방식으로 표현하라.
c) BFS 방식으로 탐색하라(단, 인접 정점이 여러 개 있을 때에는 가중치가 작은 순으로 방문하면서 큐의 내용을 기술하라).
d) DFS 방식으로 탐색하라(단, 인접 정점이 여러 개 있을 때에는 가중치가 작은 순으로 방문하면서 스택의 내용을 기술하라).
e) Kuscal 알고리즘에 의하여 최소 생성 트리를 구성하고, 이 때의 총 가중치를 구하라.
f) Prim 알고리즘에 의하여 최소 생성 트리를 구성하고, 이 때의 총 가중치를 구하라.
g) A에서 G까지의 최단 경로를 구하는 과정을 기술하라.

7장 정렬(Sorting)과 해싱(Hashing)

7.1 퀵정렬(Quick Sort)

주어진 데이터 파일을 피봇(pivot) 값에 의해 다음과 같이 부분 파일로 분할하여 정렬한다. 처음에는 정렬해야 될 데이터 파일을 파일 내의 중간에 있는 키 값에 의해 두 개의 부분 파일로 나누고, 나누어진 부분 파일들을 각각 정렬한 다음 다시 합친다. 이때, 우리는 하나의 파일을 두 부분 파일로 나누는 기준 되는 키 값을 피봇이라고 한다. 피봇에 의해 파일을 나누는 조건은 다음과 같다.

[파일 내에 있는 임의의 데이터 x가 위치 i에 재배치되는 조건]

i) 처음부터 i-1 번째 위치의 모든 데이터는 피봇의 값 x보다 같거나 작다.
ii) i+1 번째 위치에서 파일의 마지막 위치까지 있는 모든 데이터는 피봇의 값 x보다 같거나 크다.

다음은 퀵정렬 알고리즘이다.

```
quick(item, count)              /* quick sort set up */
char  *item;
int  count;
{
    qs(item, 0, count-1);
}
qs(item, left, right)    /* quick sort */
char  *item;
int  left, right;
{
```

```
        register  int  i, j;
        char  x, y;
        i = left;  j = right;
        x = item[(left + right) / 2];
        do {
                while(item[i]<x && i<right) i++;
                while(x<item[j] && j>left) j--;
                if(i <= j) {
                        y = item[i];
                        item[i] = item[j];
                        item[j] = y;
                        i++;  j--;
                }
        }while(i <= j);
        if(left < j) qs(item, left, j);
        if(i < right) qs(item, i, right);
}
```

정렬해야 될 데이터 파일이 [31 10 42 6 66 16 64 20 53 24]인 키 값을 갖는 10개의 레코드들로 구성되었다고 하자. 다음은 주어진 파일을 이용하여 퀵정렬 알고리즘이 수행하는 과정을 나타낸 것이다.

f[0]	f[1]	f[2]	f[3]	f[4]	f[5]	f[6]	f[7]	f[8]	f[9]	left	right
[31	10	42	6	66	16	64	20	53	24]	0	9
[16	10	24	6	20]	31	[64	66	53	42]	0	4
[6	10]	16	[24	20]	31	[64	66	53	42]	0	1
6	10	16	[24	20]	31	[64	66	53	42]	3	4
6	10	16	20	24	31	[64	66	53	42]	6	9
6	10	16	20	24	31	[53	42]	64	[66]	6	7
6	10	16	20	24	31	42	53	64	[66]	9	9
6	10	16	20	24	31	42	53	64	66		

7.2 합병 정렬(Merge Sort)

합병정렬은 이미 정렬된 두 개의 파일을 합쳐서 새로운 정렬된 파일을 만드는 방법이다.

다음과 같이 정렬된 B와 C를 합쳐서 새로운 정렬된 파일을 만들고자 한다.

$$i \swarrow$$
$$B : \{ B_1, B_2, B_3, \cdots, B_P \}$$
$$C : \{ C_1, C_2, C_3, \cdots, C_m \}$$
$$\nwarrow j$$

그러면, 다음과 같은 알고리즘을 통하여 합병 정렬할 수 있다.

```
i:=1;  j:=1;
while(i≤P) and (j≤m) do
  case(Bi, Cj) of
    1. Bi < Cj : output(Bi);  i:= i+1;
    2. Bi = Cj : output(Bi, Cj);  i:=i+1;  j:=j+1;
    3. Bi > Cj : output(Cj);  j:=j+1;
  end-case
end-while
if(i>p) then output(rest of Cj's) else output(rest of Bi's)
```

7.3 해싱(Hashing)

해싱(hashing)이란 레코드가 테이블에 저장되어 있을 때 레코드의 키 값을 주면, 이 키 값을 어떤 수학적 함수에 의하여 테이블의 주소로 변환 시켜서 원하는 레코드를 탐색하는 것을 말한다. 이와 같이 레코드의 키 값을 테이블의 주소로 변화시키는 수학적 함수를 해싱 함수라고 한다. 그리고 레코드들이 테이블 형태로 저장되어 해싱 함수에 의해 접근, 호출될 때 우리는 이 테이블을 해싱 테이블이라고 한다.

해싱 함수 f란 레코드의 키를 해싱 테이블의 주소로 변환시키는 함수이므로, X를 레코드들의 키들의 집합, Y를 해싱 테이블의 주소들의 집합이라고 할 때 f는 $f: X \rightarrow Y$인 함수이다.

(1) 정적 해싱(Static Hashing)

이름(identifier)을 해싱 테이블(Hashing Table)이라는 일정크기의 테이블에 저장할 때 이름의 저장 주소 또는 위치 결정을 위해 해싱함수 f를 사용한다.

$f(x)$: 해싱함수

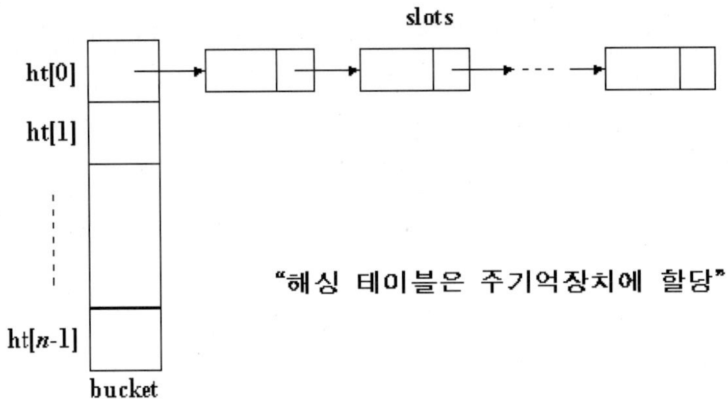

아래는 해싱 함수의 예를 보인다. 이 함수는 x를 M으로 나눈 모듀러 값으로 변환한다. 모듈러 값이 x가 저장될 위치이다.

$$f(x) = x \% M$$

해싱 함수를 이용하여 저장할 때 이미 다른 레코드가 저장되어서 충돌이 발생하면 다음과 같은 해싱법을 사용한다.

- 개방 주소 방법(Linear Open Addressing) : 다음 빈 공간(table)에 저장
- 체이닝(Chaining) 방법 : 포인터를 이용하여 같은 해싱 함수를 갖는 레코드를 연결리스트로 연결

chaining

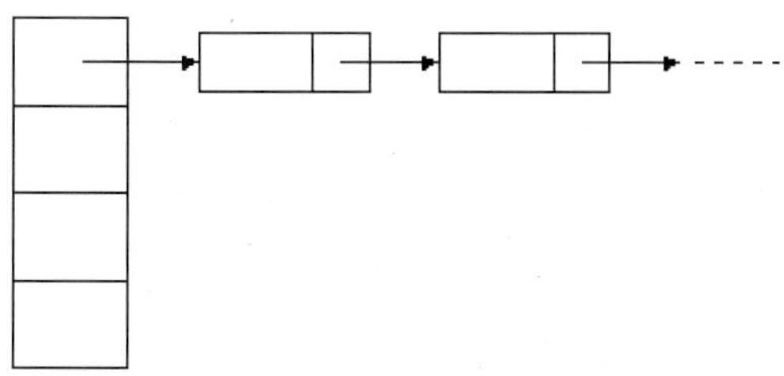

(2) 동적 해싱(Dynamic Hashing)

DBMS와 같이 해싱 테이블을 모두 주기억장치에 둘 때 주기억장치 공간이 낭비된다. 빠른 검색시간을 유지하면서 파일의 크기가 동적으로 증가 또는 감소할 수 있도록 확장한 기법이 동적 해싱이다.

아래 예와 같이 2진(Binary) 표현의 자리 수를 이용하여 확장할 수 있다.

id	binary 표현	
a0	100	000
a1	100	001
b0	101	000
b1	101	001
c0	110	000
c1	110	001
c2	110	010
c3	110	011

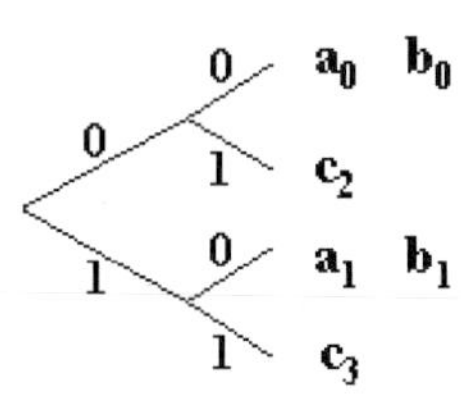

연 습 문 제

1. 아래의 자료를 퀵 정렬 알고리즘들을 적용하여 오름차순으로 정렬하는 과정을 각 단계별 변화를 중심으로 기술하라.

   입력 자료 : (210, 30, 170, 350, 60, 240, 0, 150, 25, 40, 130)

2. 합병정렬을 구현하시오.

3. 정렬과 탐색의 차이점을 기술하시오.

4. 내부 정렬과 외부 정렬의 차이점을 설명하시오.

5. 해싱에 대해 설명하시오.

6. 해시표 취급 중 생긴 오버플로를 해결하는 방법에 대해 설명하시오.

참고문헌

[1] 천유식, 소프트웨어 개발 방법론, 대청 컴퓨터월드, 1996
[2] 이석호, C로 쓴 자료구조론, 희중당, 1997
[3] 박영근, 자료구조 기초와 실용, 21세기사, 1998
[4] 남인길, 김신환, 김종완, 권영직, 김선경, 홍춘표, 김동휘, 김순철, 강병도, 프로그래밍언어 기초와 활용, 대구대학교 출판부, 2001
[5] Roger S. Pressman, 소프트웨어 공학: 실무적 접근 5판, 한산출판사, 2001
[6] 오상엽, 유현, 송광우, 데이터 구조론, 이한출판사, 2002
[7] 임형근, C언어로 구현한 자료구조, 도서 출판 정일, 2002
[8] 정인정, 자료구조 및 연습, 홍릉과학출판사, 1996

저자소개

■ **강병도**

- 서울대학교 이학박사
- 한국전자통신연구원 선임연구원
- Research Associate, CMU, USA
- 현재 대구대학교 교수
- 관심분야 : 소프트웨어 개발방법론, 소프트웨어 구조, 소프트웨어 프로세스 모델

자료구조의 기초

1판1쇄 — 2006년 2월 28일
1판6쇄 — 2016년 1월 11일
지은이 — 강 병 도
펴낸이 — 이 용 두
펴낸곳 — 대구대학교출판부
주소 — 경북 경산시 진량읍 대구대로 201
전화 — (053)850-5661~2
팩스 — (053)850-5669
찍은곳 — 태양문화사
등 록 — 경산 제11호
정가 10,000원
ISBN 89-7794-340-1-93560